U0058007

閱讀的力量——

從研究中獲得的啟示

Stephen D. Krashen 著

李玉梅 譯

The
Power of
Reading

Insights from the Research

Second Edition

Stephen D. Krashen

Translated from the English Language edition of *The Power of Reading*, by Stephen D. Krashen, originally published by Libraries Unlimited, an imprint of Greenwood Publishing Group, Inc., Westport, CT, USA. Copyright © 2004 by Stephen D. Krashen. Translated into and published in the Chinese Complex Character language by arrangement with Greenwood Publishing Group, Inc. All rights reserved.

Complex Chinese Edition Copyright © 2009 by Psychological Publishing Co., Ltd.

目 錄 Contents

作 者 簡 介

　　Stephen D. Krashen 是南加州大學（University of Southern California）教育領域的榮譽退休教授。他最知名的研究是建立第二語言學習的普遍性理論，他同時也是自然研究法（Natural Approach）的倡立者之一，以及學科式雙語教學（sheltered subject matter teaching）的發明者。著作豐富。

譯者簡介

李玉梅

學歷：國立交通大學應用化學系學士、碩士
美國德州大學（奧斯丁）科學教育博士

經歷：國立交通大學教育研究所博士後研究員
國立交通大學師資培育中心兼任助理教授
國立台北商業技術學院共同科兼任助理教授

現職：行政院國家科學委員會科學教育發展處博士後研究員

譯　序

　　過去幾年來，我一直很關注兩個現象：一個是有越來越多國內的學者、民間組織，甚至政府單位在大力提倡閱讀；另一個是教師們憂心學生語文程度每下愈況，甚至可能危及到將來社會的發展。這兩個現象當然是密切相關的。因此，當心理出版社林總編輯問我有沒有興趣翻譯《閱讀的力量》這本書，我迫不及待地瀏覽完全書後，便毫不猶豫地答應了。因為這本書談的全是從學術研究結果中得到的閱讀與增進語文程度（也就是書中所謂的「識字力」）的關係。

　　本書作者 Stephen D. Krashen 博士致力提倡「自由自主閱讀」，深信「自由自主閱讀」是提升識字力最有效的途徑。所謂的「自由自主閱讀」指的是在沒有壓力、脅迫、外在誘因的情況下，選擇自己想讀的東西。在第一章中，作者首先引證「自由自主」閱讀可以全方位地有效提升識字力；接著說明為何一般課堂中採用的「直接教學」是效果不佳的策略；然後再由事證中闡述享受閱讀所帶來的助益，以及對認知發展的幫助。

　　或許有一些家長與教師曾遇過這樣的挫折：不論如何努力，孩子就是不愛閱讀。在第二章中，Krashen 博士進一步整理研究結果，告訴讀者有效提升閱讀興趣的因素：有書可讀、營造閱讀環境、安排閱讀時間、創造美好的閱讀經驗等都是重要的元素。本章的後半部，作者更為漫畫與言情小說這兩類讓許多父母與師長畏之如蛇蠍、堅決禁止孩子閱讀的讀物平反。因為，研究結果顯示，這兩類讀物

與孩子的偏差行為並沒有明確的關聯，反而引導許多人養成閱讀習慣，並將閱讀興趣逐漸擴展到其他更廣泛的主題與文學類型，發展出高階的識字力。

　　第三章中則探討閱讀與寫作能力、看電視，以及學習第二語言之間的關係。研究事證顯示，閱讀對提升寫作能力比寫作練習更有效；電視的負面影響也許不若一般人想得那麼嚴重，但是對識字力的提升絕對不如閱讀有效；閱讀不但對母語的識字力提升有幫助，對學習第二語言也同樣非常有效果。

　　在翻譯本書的過程中，我不斷反芻自身的經驗，當中有太多若合符節之處。這是一本值得所有關心語文教育的人一讀的好書。對於用心提倡閱讀的人，本書提供支持他們繼續努力的動力，並以最堅實的資料點明了實行的方法；對於關心學生語文程度的教師，本書更提出了比直接教學方式更好的另一種做法。如果硬要挑出本書的不完整處，或許是本書並未提及新興的網路閱讀行為。也許是因為這一方面的研究資料仍然太少，或未有定論。

　　本譯作得以順利出版，首先要感謝心理出版社林敬堯總編輯的推薦。而林汝穎小姐的專業與細心編校更是一大功臣。本人的學識經驗淺薄，難免有疏漏之處，尚祈各位先進不吝指教。

導　言

　　從事學術研究或專業工作所需的複雜技能——理解多重情境或複雜事件的能力、對語調的敏感性、立即知道哪些文本重要和哪些文句可以略讀的能力——這些都只能從經年累月大量閱讀中獲得。

——Mary Leonhardt（1998）

 識字力危機真的存在嗎？

　　1987 年，我第一次從Oprah Winfrey的脫口秀節目中聽到「識字力危機」（literacy crisis）一詞。Oprah Winfrey請了四位既無法閱讀也不會書寫的「文盲」成年人（adult "illiterate"）到節目中。他們的故事非常感人，現在也廣為閱聽大眾所知。求學時，他們的日子就在小心地不在班上惹麻煩，以及依賴朋友的幫助下度過了。他們磨練出在學校的求生之道，例如與同學一起去餐廳，觀察同學點些什麼，然後跟著點一樣的東西。

　　電視節目播出後不久，文盲的情況又被編寫成由Dennis Weaver主演的電視電影。不久後，一部描述成人文盲的電影——《史丹利與愛莉絲》（Stanley and Iris）也搬上大銀幕。由於這些電視、電影以及報章雜誌等平面媒體的報導，使社會大眾產生一種印象，就是社會上存在著很高比例完全無法識字的文盲，以及每年有成群不識字的年輕人從公立學校畢業。社會大眾也產生文盲是可以治癒的印象，只要教不識字的人大聲念出聲來，也就是所謂的自然發音法

（phonics），就行了。

　　這兩種一般人的印象都是錯的。識字力危機並不存在，至少不像媒體描述的那樣。首先，只有極少數的人在受完義務教育後仍然完全無法讀寫。事實上，若以具備最基本的讀寫能力來定義識字力（literacy）的話，過去一百年來，美國具備識字力的人口比例一直穩定地增加中（參見 Stedman & Kaestle, 1987）。

　　真正的問題是幾乎每個美國人都能讀也會寫，但是既讀不好也寫不好。雖然上個世紀具備基本識字力的人不斷增加，但同時對更好識字力的需求也越來越迫切，顯然許多人的讀寫能力都不足以應付現代社會所需的複雜識字力。因此，問題不在於如何提升學生的閱讀水準到小學二、三年級的程度，而是要遠遠超過這個程度。

　　（順帶一提，自然發音法對於初階的學習者也非萬靈丹。相關的探討可參見 Krashen, 2002; Garan, 2002; Coles, 2003。）

　　我認為要改善這種識字力危機需要仰賴一種許多人生活中非常缺乏的活動：閱讀。特別是我稱為自由自主的閱讀（free voluntary reading），簡稱為 FVR。FVR 指的是因為想閱讀而閱讀。對於學齡兒童，FVR 不需寫讀書報告，不必回答每個章節後的問題，也不用為每個生字查字典。FVR 是放棄閱讀一本不喜歡的書，再另外找一本喜歡的來讀，這種閱讀方式是所有具備高識字力的人經常使用的閱讀方式。

　　我不會宣稱 FVR 是唯一的解決之道。並非所有自由閱讀的人都能申請進入哈佛大學的法律系就讀。不過研究結果告訴我們，當孩子或識字力較低的成人開始因樂趣而閱讀時，好的事情便會接踵而來。他們的閱讀理解力會增加，會發現原本難懂的、學術性的文章變得比較容易了。他們的寫作風格也會改進，能夠寫出被學校、商

業，以及科學界所接受的文章。他們的字彙會增加，同時拼字與文法也都會改善。

換言之，自由自主閱讀的人有大好良機提升識字力。研究結果也告訴我們，不是因為樂趣而閱讀的人沒有這樣的改善機會。他們的讀寫能力很難達到足以應付現今世界要求的程度。

我也深信FVR是讓外語能力登峰造極的方法。對於學習外國語言的人，FVR是跨越初學與流利鴻溝的最佳橋樑。

這本書檢視與FVR有關的研究結果、實行FVR的方式，以及與閱讀、書寫和識字力有關的因素。自由自主的閱讀能為個人與社會帶來的正面影響是很可觀的。本書的目的便是要讓讀者明瞭自由自主閱讀的力量。

CHAPTER 1

閱讀研究

自由自主閱讀（free voluntary reading, FVR）意指純粹因為想閱讀而閱讀；不需寫讀書報告，也不用回答章節後的問題。若是不喜歡這本書了，也不必勉強讀完它。FVR是讓許多人著迷的閱讀方式。

FVR 是語言教育中非常重要的方式，卻也是不論在學習母語、文學、第二語言或外語時，都經常缺乏的重要成分。它本身無法導致最高階的語文能

> 自由自主閱讀（FVR）
> 是語文教育的基礎。

力，但卻是達到語文流利的基石。若是少了 FVR，則很難獲致高階的語文能力。

FVR的重要性將在下面的章節中簡要介紹。隨後我將主張，其他刺激語言發展以及提升識字力的方式，都不若 FVR 來得有效。

支持 FVR 的事證

校內的自由閱讀計畫

校內的自由閱讀計畫提供了閱讀功效的最佳事證。這些閱讀計畫中，部分學校將時間撥給無限制的自由自主閱讀使用。校內的自由閱讀計畫主要有三種方式：維持靜默閱讀（sustained silent reading）、自己選擇閱讀（self-selected reading），以及廣泛閱讀（extensive reading）。在維持靜默閱讀中，教師與學生每天都自由閱讀一小段時間（從五到十五分鐘不等；參見 Pilgreen, 2000）。自己選擇閱讀時，自由閱讀是語文課的重要部分，教師會以座談會的方式和學生討論讀了些什麼。廣泛閱讀時，學生需要對自己讀的東西負一點點責任，例如，為所讀的東西做一小段總結。

> 校內 FVR 的方式：維持靜默閱讀、自己選擇閱讀、廣泛閱讀。

表 1.1 總結校內自由閱讀計畫對閱讀能力的影響。每一項研究都是比較校內自由閱讀計畫學生和傳統閱讀方案學生的閱讀測驗結果。傳統閱讀方案強調指定閱讀內容，和直接針對文法、字彙、閱讀理解力，與拼字的教學方式。

表中可以清楚看出兩件事。首先是校內自由閱讀方案總是比較有效。在總數五十四件比較中，有五十一件（94%）是自由閱讀方案的效果與傳統閱讀方案相當，甚至更好。

表 1.1 閱讀能力測驗結果：校內自由閱讀與傳統方式的比較

持續時間	更好	沒有差異	更差
少於七個月	8	14	3
七個月至一年	9	10	0
多於一年	8	2	0

注意表中「沒有差異」一欄，表示參加自由閱讀方案的學生表現得和傳統閱讀方案的學生一樣好，這也印證了自由閱讀能讓識字力增長。我們隨後會再回來討論這一點。稍後也會看到有足夠的證據顯示，自由閱讀是非常愉快的事，而且可以獲得更廣泛的知識。即使自由閱讀對於培養識字力的效果只與傳統的直接指導相當，也應該優先選擇自由閱讀的方案。

> 五十四份比較中有五十一份顯示，FVR 學生在閱讀測驗的表現相當於或是優於接受傳統技能為主的閱讀教學的學生。

其次，研究顯示時間越長，自由閱讀越有正面的效果。對於採用自由閱讀的教師而言，這是非常明顯的：學生需

> FVR 的時間越久，結果越一致。

要一些時間來選擇想讀的書。表 1.1 指出，實施自由閱讀方案超過一年的時間一定會有成效。[1]

校內自由閱讀方案也對增進字彙、文法、寫作、口語、聽力等能力有助益（Greaney, 1970; Krashen, 1989）。

僅有少數的研究發現校內閱讀對拼字能力有幫助。這些研究中，Pfau（1967）的研究指出，額外補充的自由閱讀不會增進拼字能力，

但是 Collins（1980）和 Hafiz 與 Tudor（1990）的研究則發現，參加維持靜默閱讀方案的學生，拼字能力進步得遠比參加傳統方案的學生來得多。Elley（1991）的兩個分組研究，第一個研究結果顯示，自由閱讀的學生在拼字能力上比傳統閱讀的學生來得好；但是另一個研究結果則是兩者沒有顯著分別。不過無論哪一個研究，傳統閱讀組的學生都不會表現得比較好。[2]

　　下面的例子說明了研究校內自由閱讀的發現。表 1.1 中的研究大部分是針對學習第一種語言的美國小學生。下面的研究結果顯示，自由閱讀對於其他族群的學生也很有效。

　　Fader（1976）的書中提到，McNeil研究自由閱讀方案對六十位年齡介於十二歲到十七歲，就讀於改革學校（reform school）的男孩

> 改革學校的男學生從 FVR 中獲益良多。

的效果。他們鼓勵這些男孩閱讀報紙、雜誌與一般書籍，這些閱讀的材料要在課堂中討論。一年後，學生的閱讀測驗分數從 69.9 分進步到 82.7 分（增加了 12.8 分）；但是對照組的學生只從 55.8 分進步到 60.4 分（增加 4.6 分）。

　　Elley 與 Mangubhai（1983）的研究顯示，自由閱讀對於學習第二種語言也有顯著功效。研究對象是四年級與五年級學習英語為外語的學生。學生被分成三組，每天接受

> 斐濟學習英語的學童從 FVR 中獲益良多。

三十分鐘的英語課程。第一組採用傳統的聽－說（audio-lingual）教學方式，第二組純粹自由閱讀，第三組則採用「分享閱讀」（shared reading）。分享閱讀是「與全班分享一本好書，由老師以說床邊故事的方式先念書給學生聽，然後大家一起討論書

中的人事物。也可以一起朗讀，或是演出或畫出書中的情節，甚至重新編寫標題，或是改寫角色或劇情」（Elley, 1998, pp. 1-2）。兩年之後，自由閱讀組和分享閱讀組的學生不論在閱讀理解力、寫作與文法上，都遠優於傳統教學組的學生。

　　Elley（1991）也指出，自由閱讀對學習第二語言的新加坡學生有深遠影響。三個持續一到三年、含括三千位六歲到九歲學童的研究結果顯示，這些參加「閱讀與提升英語能力計畫」（Reading and English Acquisition Program）的學生，不論在閱讀理解力、字彙、口語能力、文法、聽力

> 新加坡學習英語的學童從 FVR 中獲益良多。

與寫作能力上，都遠優於傳統教學法下學習的學生。「閱讀與提升英語能力計畫」採用的是結合了分享讀書經驗、語言經驗，以及自由閱讀的方式。[3]

　　Elley（1998）最近從南非與斯里蘭卡蒐集的資料也顯示，只要鼓勵孩子因為樂趣而閱讀，這些孩子在閱讀測驗以及其他各種語文測驗的表現，都能比傳統教學方式下學習的孩子更好。表 1.2 顯示的是來自南非的資料。這項研究中，以英語為外語，並且居住在出版品資源不多地區的學生，每人都可以取得六十本內容有趣的套書，以及另外六十本六個相同主題的套書。這些書就放在教室裡，作為教師朗讀、分享閱讀和靜默閱讀之用。表 1.2 是由各省蒐集來的資料。每件事例中，實驗組有閱讀的學生都比對照組沒有閱讀的學生表現優異，而且兩者間閱讀能力的差異隨著閱讀時間增加而持續擴大。

表 1.2 南非的校內閱讀比較

閱讀測驗成績

省份	四年級		五年級		六年級	
	閱讀	未閱讀	閱讀	未閱讀	閱讀	未閱讀
東開普（Eastern Cape）	32.5	25.6	44	32.5	58.1	39
西開普（Western Cape）	36.2	30.2	40.4	34.3	53	40.4
自由邦（Free State）	32.3	30.1	44.3	37.1	47.2	40.5
納塔爾（Natal）	39.5	28.3	47	32.3	63.1	35.1

資料來源：Elley (1998).

　　Beniko Manson 的研究顯示，校內廣泛閱讀對年齡較大的學生學習外語也有助益。Mason 的第一項研究（引自 Mason & Krashen, 1997）中，實驗組的學生在日本的大學修習必修的英文外語課程。這些學生特別之處是他們全部都有英文被當的經驗（稱為 Sai Rishu，或是重修生）。在前測與後測的克漏字測驗（cloze test）中，

> 原本不情願學英文的日本學生從 FVR 中獲益良多。

學生要將文章中空缺的英文單字填上。整個學期中，實驗組的學生在課內和家中都要閱讀分級簡易讀本；除此之外的責任很少，只要用日文寫下簡短的摘要以及寫日記，記錄自己的感覺、想法和進展。對照組學生上的課則是傳統以文法和翻譯為主的方式。

　　如表 1.3 所示，即使實驗組學生在學期初始的閱讀測驗成績遠低於對照組，他們卻進步神速，甚至在學期末時幾乎追上傳統教法的學生。

表 1.3　日本學生的廣泛閱讀成效：克漏字測驗結果

	前測平均（標準差）	後測平均（標準差）
廣泛閱讀組	22.55（11.54）	31.40（11.43）
傳統教學組	29.70（8.23）	33.05（8.24）

資料來源：Mason & Krashen (1997).

　　這個研究最重要也最令人印象深刻的發現，是廣泛閱讀組學生顯著的態度轉變！許多原本抗拒學英文的學生變成了急切渴望閱讀的人。有些人在日記中寫到他們也很訝異自己的進步。日記也顯示出他們的確讀懂了那些故事。有趣的是，Mason 還發現學生的進展並非是線性的由簡單的故事進步到艱深的故事。有些學生讀了較難的故事後又回頭讀容易的，然後再去讀較難的。

　　Mason 在之後的一些研究發現，不論是對一般大學生或是社區大學的學生，當持續超過一學年以上時，廣泛閱讀的效果都比傳統教學方式來得好。她同時還發現，廣泛閱讀的學生不但閱讀能力進步，寫作能力也同時進步了（Mason & Krashen, 1997）。

　　Shin（2001）研究為期六個星期的自己選擇閱讀對二百位六年級生的影響。這些學生因為英文閱讀能力低落而必須參加暑期的補救課程，其中約 30% 的學生的英文能力非常有限。他們每天要上四小時的課，兩小時是自我選擇閱讀，其中包括二十五分鐘是在學校圖書館。學區的教育主管機關在每位學生身上花了二十五美

> 閱讀《難皮疙瘩》系列圖書的暑期課程對學生的閱讀能力很有幫助。

元，用來購買通俗的書籍與雜誌。大部分的書都是《雞皮疙瘩》（*Goosebumps*）系列。此外，每天約有四十五分鐘用來閱讀和討論像是 Wilson Rawl 的《紅色羊齒草的故鄉》（*Where the Red Fern Grows*），以及 Scott O'Dell 的《藍海豚之島》（*The Island of the Blue Dolphins*）。對照組的孩子在暑期中上的是標準的語文課程。

六個星期的暑期課程下來，孩子們在奧圖閱讀理解測驗（Altos test of reading comprehension）以及字彙上的進步約有五個月的效果；對照組的孩子反倒是退步了。在尼爾森－丹尼閱讀理解測驗（Nelson-Denny reading compression test）上，孩子的進步足足有一年之多，不過在字彙的增長上，則與對照組的孩子差不多。

讓語文能力落後的孩子去上暑期學校來增進閱讀能力，是最近風行的方式，與大多數的方案相較，Shin 的閱讀方式比起強調反覆練習的教學方式更能讓學生快樂學習，也更有效。[4]

自由自主閱讀

> 自述閱讀得比較多的人，閱讀力和寫作力都比較好。

自述閱讀得比較多的人，通常也讀得比較好，而且寫作方式也比較成熟。這點在許多校內自由閱讀的研究中也得到證實（細節請參見 Krashen, 1988）。這裡我只舉幾個例子。

Anderson、Wilson 與 Fielding（1988）要求五年級的學生記錄在校外從事的活動，發現「孩子們花在閱讀的時間，是最能預測他們各種閱讀能力（像是閱讀理解力、字彙、閱讀速度）的指標，其中包括二年級至五年級間閱讀理解力進步的程度」（p. 285）。

Postlethwaite 與 Ross（1992）研究三十二個國家中閱讀能力非

常優異的九歲學童，當孩子家中的書籍數量以及其他背景變項被控制了以後，一百五十個可能預測閱讀分數的變數中，自由閱讀是第二個重要的：學生在學校中閱讀較多的書籍、雜誌與漫畫，則他們的閱讀力會較好。第三個重要的預測項目是在課堂內的閱讀時間。

Kim（2003）研究一群參加暑期閱讀的五年級學生，也發現類似的結論。他以統計學的方法控制住大部分的變項（包括性別、貧窮、種族、態度／動機、情緒障礙、學習困難、英語是否為第二外語），發現在暑假中書

> 暑假中多閱讀五本書＝增加三個百分點。

讀得越多，則閱讀理解力的進步就越多。Kim 計算出暑假中閱讀一本書大約相當於增加 .03 個閱讀理解力的標準差，因此閱讀五本書則約增加 .15 個標準差。如果閱讀力的增加可以如此累計，那麼若是每個暑假都如此閱讀，即使只有中等的額外閱讀量，影響也會非常顯著。

研究也顯示閱讀量與拼字能力相關（關於學習第一種語言的研究請參見 Stanovich & West, 1989；學習第二種語言的研究請參見 Polak & Krashen, 1988）。Lee 與 Krashen（1996, 1997）以及 Lee（2001）的研究也顯示，中文的自由閱讀與寫作能力間有正向的關係。

第二語言的自由閱讀

學習第二語言以及學習外語的研究指出，閱讀越多的人在各種測驗的表現都比較好。

Stokes、Krashen 與 Kartchner（1998）研究美國以西班牙語為外語的學生對西班牙語假設語氣中動詞的了解。就算是

> FVR 與西班牙語中的假設語氣。

以西班牙語為母語的學生也常覺得這個很難。他們測試學生在實際情境中使用假設語氣的能力，而非只是知不知道假設語氣的規則。只有一位受測的學生不知道測驗的重點是假設語氣。自由自主閱讀西班牙文讀物的時間長短，是唯一能預測假設語氣能力的指標。至於學生正式學習西班牙文的時間長短、花在學習假設語氣的時間多寡，以及居住在說西班牙語的國家的時間，都不是顯著的預測指標。

FVR 與英文的關係子句。

學者研究居住在美國的外國學生學習關係子句時，也發現類似情況（Lee, Krashen, & Gribbons, 1996）。

數個研究同時證實，閱讀越多第二語言的讀物，則該語言的寫作能力也會更強（Salyer, 1987; Janopoulous, 1986; Kaplan & Palhinda, 1981）。

自由閱讀時間的長短也是非常好的托福測驗（TOEFL）成績預測指標。托福是外國學生申請就讀美國學校時必須考的英文閱讀、

FVR 與 TOEFL。

聽力、文法與寫作的能力。自由閱讀時間長短與托福測驗成績間相關性的研究，有的針對海外測驗的學生（Gradman & Hanania, 1991），也有針對美國境內測驗的學生（Constantino, Lee, Cho, & Krashen, 1997）。自述花較多時間在「課外閱讀」（Gradman & Hanania），與「自由閱讀」和「讀書」（Constantino et al.）的考生，托福成績比較高。比較有趣的發現是，花在「課外寫作」的時間長短並不能有效預測托福測驗的成績（Gradman & Hanania）。

雖然每個研究都顯示，自稱花在自由自主閱讀的時間與發展識字力二者之間的關係並不是非常大，但是卻都非常一致。即使研究中所用的測驗不同，或用不同方式測量閱讀習慣，或是對自由閱讀

有不同的定義，幾乎每個與此有關的研究都發現兩者之間是正向的關係。

雖然研究自稱花在自由自主閱讀時間的結果令人印象深刻，這些研究也不是完全沒有問題。首先，這些研究依賴受訪者自稱花了多少時間在閱讀上，而這樣的資料並不一定可靠。其次，讀者應該可以想到其他對培養識字力有幫助的因素。比方說，一個花較多時間閱讀的人可能也會多做一些其他的事，像是字彙練習。也

> 其他關於培養識字力的解釋雖有可能，但很牽強。

可能在學校中做比較多反覆練習的人在閱讀測驗中得到較佳成績，因此變得較喜歡閱讀，所以閱讀時間變得較長。我覺得這些可能性都很牽強，不過不是沒有可能。

你也可能會說，之前提到的校內自由閱讀研究可能有以下問題——也許這些額外的閱讀刺激學生做了更多的反覆練習。這其實不太可能發生，不過也不是完全不可能。

作者辨識測驗

Keith Stanovich 在一系列閱讀影響力的研究中，使用了一個簡單但很有價值的方法。作者辨識測驗要求受試者在一串作者的名單中，指認出自己認識的作者名字。以英文為母語的受試者的作者辨識測驗成績和字彙能力（West & Stanovich, 1991; West, Stanovich, & Mitchell, 1993; Lee, Krashen, & Tse, 1997）、閱讀理解力（Cipielewski & Stanovich, 1990; Stanovich & West, 1989），以及拼字能力（Cun-

> 能認出比較多作者名字的人比較常閱讀，識字力也發展得比較好。

ningham & Stanovich, 1990）之間大致上是相關的。這些結果也在其他的母語得到印證：在中文（Lee & Krashen, 1996）與韓文（Kim & Krashen, 1998a）的研究中，作者辨識測驗成績與寫作能力有明顯相關；在西班牙文（Rodrigo, McQuillan, & Krashen, 1996）的研究中，作者辨識測驗成績與字彙的發展顯著相關。

宣稱自己閱讀較多的人在作者辨識測驗的成績也較佳，這點不論在說英語（Stanovich & West, 1989; Allen, Cipielewski, & Stanovich, 1992）、說韓語（Kim & Krashen, 1998a）、說中文（Lee & Krashen, 1996），以及說西班牙文（Rodrigo et al., 1996）的人身上，都是正確的。

有個研究也指出，作者辨識測驗的結果和被觀察到的閱讀量之間有正相關。West、Stanovich與Mitchell（1993）觀察在機場候機的乘客，並將他們分成閱讀者（被觀察到至少有持續閱讀十分鐘以上）與非閱讀者兩類。被歸類為閱讀者的人在作者辨識測驗以及簡短的字彙辨識測驗中，都明顯表現得較佳。

目前只有一個研究是針對學習外語的學生在作者辨識測驗上的表現。Kim 與 Krashen（1998b）的研究發現，英文為外語的高中生辨認英文作家的測驗結果，是預測英文字彙測驗結果的良好指標。此外，宣稱自己有較多自由閱讀英文的學生，在作家辨識測驗的表現也比較好。

除了確認為娛樂而閱讀和語言發展二者之間的關係之外，作者辨識測驗以及其他一些類似的測驗（例如，雜誌辨識測驗和書名辨識測驗）為這個領域提供了簡化但可信的研究方式。

閱讀後測驗研究

閱讀後測驗的研究也提供了證據說明閱讀的力量。受試者讀一小段含有不熟悉單字的文章，但事前並未告知將讀到這些字，他們同時也不知道讀完以後要接受字彙或拼字方面的測驗，不過研究人員鼓勵讀者盡量讀懂文章的含義。當受試者讀完文章後，會測驗他們是否了解部分或全部

> 閱讀後測驗使用含有生字的短文。

文章中出現的生字，或是測驗他們對這些字的拼寫能力有沒有改進。因此，閱讀後測驗研究是探討「偶發性」的學習。

一些最有名的閱讀後測驗研究是伊利諾大學（University of Illinois）做的（Nagy, Herman, & Anderson, 1985; Nagy, Anderson, & Herman, 1987）。伊利諾大學的研究人員以小學生為測試對象，並從小學課本中擷取文章段落。他們研究與字彙有關的知識（vocabulary knowledge）的方式

> 每次讀到生字時，通常會增加一些字的知識。

有一項重要的特性，就是這種研究方式能敏銳反映出實驗對象是否已經對那個目標單字有些微的了解。Nagy 等人（1985）歸結研究結果後指出：當從文件中讀到一個不熟悉的字時，通常「確實會增加一點點對於字的知識」（Nagy & Herman, 1987, p. 26）。

發條橘子研究

發條橘子研究（Saragi, Nation, & Meister, 1978）有效地證實了我們從閱讀中學習字彙的能力。受試者是母語為英語的成人，他們被要求讀 Anthony Burgess 所著的《發條橘子》（*A Clockwork Orange*）。

> 學生閱讀含有許多特殊單字的小說時，光從文章脈絡提供的線索便能理解其中許多生字的意思。

這本書中有二百四十一個耐第賽（nadsat）方言的字，平均每一個字重複出現十五次。只有少數人在閱讀這本書以前便知道這些字。書店中販售的《發條橘子》在書末附有耐第賽方言字的翻譯對照表供讀者查詢。

這個研究中，受試者只是被告知要讀《發條橘子》，同時在讀完後會有一個理解與文學評論的測驗。不過，並沒有被要求去學或記住那些耐第賽字。受試者可以依自己的閱讀速度把書讀完，只不過要在讀完的三天內告訴研究人員。幾天之後，受試者就會接受一個包含九十個耐第賽字的選擇題測驗。

測驗結果發現受試者學會了許多耐第賽字。答對率的分布從50%到96%不等，平均正確率為76%。受試者光從閱讀一本書便學了至少四十五個字。

Pitts、White 與 Krashen（1989），Day、Omura 與 Hiramatsu（1991），Dupuy 與 Krashen（1993），Horst、Cobb 與 Meara（1998），以及 Pulido（2003）等學者，在第二語言的閱讀後測驗研究都證實了字彙可以從閱讀中累積。在 Hermann（2003）的研究中，以《動物農莊》（*Animal Farm*）中的生字測驗兩組 ESL（English as Second Language，英文為第二語言）的成人學生。第一組受試者以背誦方式來記憶這些單字，第二組則是閱讀《動物農莊》這本書。事前兩組受試者都不知道將要接受單字測驗。背完單字與讀完書一週後的測驗結果是背誦組的表現較佳，但是三週後再測，兩組受試者的表現已無分別。在前後兩次測驗時間內，背誦組的人忘掉了許多單字，但是閱讀組的人分數反而增加了。[5]

很明顯的，與其他方式相較，文章的情境脈絡給了讀者更好的線索來了解生字的意義。而且研究結果也指出，大多數讀物的文章脈絡都有幫助；Beck、McKeown與McCaslin（1983）檢視的基礎讀物中，61%的文章脈絡至少提供一點點生字意義的線索，對學習新單字有幫助。不過也有31%沒有幫助，而有8%則是「錯誤的引導」。

即使書中偶爾有無用、甚至錯誤引導的情境脈絡存在，讀者終究還是會了解許多生字的意義。與大多數可以從閱讀中學得的生字相較，那些讀者無法領會，或是必須查字典，或是根本會弄錯意思的生字，畢竟只是極少數的情況。[6]

> 大部分文章的情境都很有幫助。

拼字

讀後測驗拼字的研究也得到類似的結果（詳細的文獻回顧請參見 Krashen, 1989）。每次讀者在文章中遇到不會拼的單字，正確拼出那些字的能力都會增加一點點。

> 閱讀可提升拼字能力。

Nisbet（1941）的研究就很具代表性。他讓十一歲到十四歲的孩童閱讀文章，裡面含有前測中不會拼的單字。閱讀完後，平均二十五個原本不會的單字中，能夠正確拼出一個。Nisbet 認為這些進步微不足道而做出下面的結論：「密集的閱讀和學習一段文章……的確會讓拼字能力進步一些，但是這樣的增加實在不夠……有充分理由說明拼字教學被忽視了。」（p. 11）不過，如果閱讀量夠大的話，也許就足以顯著地提升拼字能力。[7]

一個所有老師都熟知的經驗支持拼字能力來自於閱讀的假設。老師們都知道：越常讀到拼錯的字，拼字能力就下降越多。一項改

> 讀到拼錯的字，拼字能力與信心都會下降。

良過的讀後測驗研究證實了「讀學生寫的論文對拼字能力是有害的」（Jacoby & Hollingshead, 1990, p. 357）。這項研究中的受試者閱讀含有許多拼錯字的文章，即使他們只不過讀了一次而已，拼字測驗結果顯示，受試者在拼那些文章中被拼錯的字時，與拼那些文章中拼正確的字相較，明顯表現得較糟。

Jacoby 與 Hollingshead（1990）表示，只看過一次拼錯的字影響並不大。不過他們也提到：

> 在論文的第二作者身上……發生了許多顯著的改變。蒐集資料的過程中……她讀了大量拼錯的字。結果她說這個經歷讓她對自己的拼字能力失去信心。她已經無法從一個「看起來對」的字來判斷它是不是真的拼對了。那個字也許看起來對，因為它是研究中被拼錯的字之一。（pp. 356-357）

總結

校內自由閱讀的研究與「校外」自己宣稱的自由自主閱讀研究都指出，閱讀對增進閱讀理解力、寫作風格、字彙、拼字，以及文法等能力都有幫助。閱讀後測驗研究也證實閱讀能夠幫助字彙與拼字能力的發展。圖 1.1 總結這部分的「閱讀假設」。[8]

> 校內 FVR 可獲致較佳的：
> - 閱讀理解力
> - 寫作風格
> - 字彙
> - 拼字
> - 文法

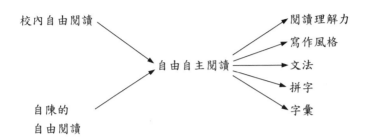

圖 1.1　閱讀假設

　　儘管有這些研究結果，也許有人會說，閱讀只不過是增進識字力的方法之一。下一節中，我們要探討「閱讀假設」的一個對手假設。這個假設主張識字力可以經由另一種方式——直接教學——來培養。

 ## 自由閱讀外的另一種假設：直接教學

　　直接教學的特色可以說是兩種程序的組合：

1. 技能培養：技能培養意指刻意學習一種規則、字義或拼字，然後讓這個規則變成一種「自動化」的輸出過程。

2. 糾正錯誤：當錯誤改正時，就希望學生能意識到自己對規則、字義或拼字的知識都改正過來了。

> 直接（技能取向）的教學法能與 FVR 競爭最佳提升識字力的方法嗎？

　　有幾項有力的原因支持為什麼直接教學對培養識字力的幫助不大。每一項因素本身的說服力就夠強的，若是加總這些原因，那麼更是壓倒性地否決直接教學的功效。簡單的說，有三項論點反對直接教學：

> 不利於直接教學的事例不勝枚舉。

1. 語言的範圍太廣、太複雜，根本無法一次只教或學一種規則或一個字（語言複雜性論點）。

2. 即使沒有正規教學，識字力的培養也可能發生（不教而會論點）。

3. 直接教學的影響非常小，甚至幾乎不存在。當研究顯示直接教學有幫助時，有時這種正面的影響會隨時間消失。

語言複雜性論點

　　許多學者都指出，語言是非常複雜而無法刻意或有意識地一次只學一種規則或項目。這個主張已經被用在學習文法（Krashen, 1982）、拼字（Smith, 1994a）、自然發音法（Smith, 1994b）、寫作風格（Smith, 1994a; Krashen, 1984），以及字彙（Smith, 1988; Nagy, Herman, & Anderson, 1985）。

　　或許最具體的例子便是字彙。估計成人認識的字彙量大約在四萬字（Lorge & Chall, 1963）到十五萬六千字之間（Seashore & Eckerson, 1940）。有學者指出，小學生每天學的新字從八個（Nagy & Herman, 1987）到十四個以上（Miller, 1997）。

> 語言太複雜，無法一次只學一種規則或一個單字。

　　不只是有許多字要學，要能恰當使用，更有許多微妙與複雜的字的特性要知道。許多時候，一個字的意義根本無法用一個同義字來解釋。就像 Finegan（1999）所說的，看起來意義相同的兩個字往往指的是些微不同的概念，或是要使用在些微不同的情形下。[9]

> 使用語言時必須學會許多字，包括許多細微的字義變化和複雜的文法性質。

另外，當我們學會一個字時，同時也學會相當多關於這個字的文法性質的知識。以動詞為例，就包含許多非常直觀的性質，像是它是及物動詞還是不及物動詞〔我們可以說「約翰說了個笑話」（John told a joke），而不是「約翰說」（John told）〕。動詞還有更複雜的性質，例如，在句子「約翰很容易討好別人」（John is easy to please）中，動詞「討好」的對象是「某個人」，而不是約翰。但是在句子「約翰渴望被取悅」（John is eager to please）中，約翰成了動詞「取悅」的對象。專業的文法學家也很難適當地說明在一般通則之下存在的差異處，而這些差異也很少會教。

　　教字彙的方式通常著重在教簡單的同義字，因此只教了一部分的字義而沒教它的社會意義與文法特性。

> 教單字表沒有效率，不如將時間花在閱讀。

不教而會論點

　　有充足的證據顯示，不經由正式教育也能培養出識字力。而這些證據都強烈指出，僅僅是依靠閱讀便足夠培養識字力了。

　　前面引述的閱讀後測驗研究便是最有力的事證，足以說明不經過正式教學也能培養識字力。顯而易見的是，這些研究中，受試者學會字彙和拼字都沒有經過技能培養與糾正錯誤的過程。

　　相似地，學生在校內的自由閱讀方案中（請見前文「校內的自由閱讀計畫」），進步的程度相當於或更勝於傳統教學方案學生，便足以顯示可以不經由直接教學而獲得識字力。

　　認識大量字彙並有良好寫作能力的人通常不會說這些能力是經由學習而來。Simth 與 Supanich（1984）測試四百五十六位公司總裁，發現他們明顯地比對照組中的成人得到更高的字彙測驗分數。

> 知道大量字彙的人中，只有少數使用字彙書籍來增進字彙能力。

當被問到是否在離開學校後曾努力增進自己的字彙量，54.5%的人說有。當被問到是如何增進字彙量時，這54.5%的人中，約有一半都提到閱讀。試圖增進字彙的受訪公司總裁中只有14%的人（占所有受訪總裁的3%）提到藉助字彙書籍。

一些案例故事

有些令人印象深刻的案例故事強而有力地指出，僅只是閱讀就足夠培養識字力。Richard Wright（1966）生長在一個不贊同閱讀與寫作的家庭中。他的祖母甚至還曾經燒掉他帶回家的書。「書在我家被烙上庸俗的印記」（Wright, 1966, p. 142）。

Wright 很小時便喜歡閱讀與聽故事，這都要歸功於一位學校老師（一個寄宿在他家的人）經常跟他說小說中的故事。Wright 曾經非常掙扎是否該多讀書。他曾經當送報生，為的只是能夠有機會讀報紙，還有使用附屬圖書館的借書證。這個圖書館限制只有白人才能使用。

Wright 的故事顯然與本書之前引用的研究結果相符。他歸功閱讀為培養他成為作家的功臣：「我渴望寫作，但我對英文的認知卻非常有限。我買了文法書來看，卻覺得它們枯燥至極。後來我發現，從閱讀小說的過程中

> 作家 Richard Wright 將自己語文能力的培養歸功於小說，而非文法書。

而非從文法書裡，我對英文越來越有感覺了。」（1966, p. 275）

Wright 將自己識字力的培養歸功於閱讀小說，麥坎 X（El-Hajj Malik El-Shabbaz）則是歸功於閱讀非小說的文學作品。麥坎 X 在自

傳中說，他小時候在學校中的表現便很好，事實上，他當過七年級的學生主席。不過，他的街頭生活卻把學校中所學的東西都抹滅掉了（El-Shabbaz, 1964, p. 154）。他描述自己第一次想要寫信給 Elijah Mohammed 的情況：

> 信的第一頁我至少就寫了二十五次，一遍又一遍地重寫。我一直試著讓字跡能被辨認，意思能清楚。事實上，連我自己也很難辨認我的筆跡，有點可恥到我都不想記得這件事。當時我的拼字與文法就算不是遭透了，也是夠糟的了。（p. 169）

改變是在他入獄時發生的。「現在許多在監獄中或電視上聽過我演講的人，或是讀過我演講內容的人，可能會

> 麥坎 X 在獄中以閱讀自學。

以為我的學歷遠超過八年級。會產生這樣的印象完全是因為我在獄中的自學。」（p. 171）

麥坎 X 的「獄中自學」以閱讀為主。他一開始採取研讀字典這種冷硬的方式來增加字彙量，從此以後變成了熱愛閱讀的人：「任何空閒時候，我不是在圖書館裡讀書，便是在我的睡鋪上讀。用什麼方法都不能把我跟書分開。」（1964, p. 173）

如同 Richard Wright，麥坎 X 也特別推崇閱讀的助益：「不久前，一位英國作家從倫敦打電話給我，問我一些問題。其中一個是：『你拿的是哪一所學校的文憑？』我告訴他：『書籍大學。』」（1964, p. 179）

接下來的案例非常有趣，因為它們證實了語言與識字力的培養

可以從閱讀「傳承」，或是從家庭語言和第二語言的讀物而來。以下的兩個案例中，主角本身都沒有意識到在閱讀過程中他們已經進步了。

Segal（1997）描述 L 的故事。L 是個十七歲、就讀十一年級的以色列學生。L 在家跟從南非來的父母說英文，但是英文寫作對她卻非常困難，特別是在拼字、字彙和寫作風格上。Segal 是 L 十年級時的老師，試過各種方式要幫助 L：

> 糾正錯誤的方式完全無效。L 試著改正自己的錯誤，也試著將正確的字抄寫到她的筆記本中，不過全不管用。L 的文章還是詞不達意，她的字彙也很貧乏。在寫作前我們一起討論文章形式和想法，不過進步仍非常有限。連續六週，我每週都給 L 練習拼五個常用的字，並且在課後以沒有壓力的方式測驗她。一開始 L 表現得很好，但是六週要結束時，她又開始拼錯之前已經會拼的字。

> 暑假中的閱讀精進了寫作能力。

L 的媽媽也幫她請了個家教，不過進步還是十分有限。

Segal 繼續當 L 十一年級的老師。在學期初她出了寫篇論文的作業：

> 當我讀到 L 的論文時，我呆愣住了。在我眼前的是篇幾近完美的論文。沒有拼錯的字，段落分明，清楚地陳述想法，並且言之成理。字彙的運用也進步了。我驚喜的同時也有不安的感覺。

Segal 發現 L 進步的原因：她在暑假中變得愛念書。L 告訴她：「我以前很少看課外讀物，不過這個暑假我去了圖書館，並且開始閱讀，之後就欲罷不能。」L 十一年級時一直保持出色的英文表現，同時她的閱讀習慣也持續著。

　　Cohen（1997）住在土耳其且母語是土耳其語，但是她就讀當地的一個全英語中學。這所學校從十二歲開始招生，前兩年的教學著重在密集的英語學習，Cohen 說，她開學兩個月後便開始閱讀英文書了：「我盡可能地把握住英文書。我家的英文書藏量豐富、隨手可得……我是本地大英協會圖書館的一員，偶爾也會在書店購買英文讀物……中學的第一年，我就已經是一個熱愛閱讀英文書的人。」

　　不過，也發生過一件不愉快的事：

　　有個新的英文老師出了兩項作文作業，她沒批改就生氣地退還給我，問作業是誰幫我寫的。兩篇作文都是我自己寫的，我甚至連字典都沒用。老師就是不相信，她還指著幾個畫了線的句子，還有幾個單字，問我怎麼會認得、寫得出它們，這些已遠超出這個年級的程度。我甚至很少參與課堂中的活動。我極度傷心，而不論是在當時，還是許多年後，我都無法說明我是如何辦到的，我就是寫出了那些句子和單字。

不教也會拼

　　有很棒的事證說明孩子不用教也能學會拼字。最早證明這點的研究是 Cornman（1902）所做的。他花三年研究不教拼字對小學生

> 許多研究都指出孩童可以不用教就學會拼字。

的影響（老師仍會改正學生寫錯的字），結論是拼字教學的效果「微乎其微」。雖然沒有教如何拼字，學生的拼字能力仍不斷進步，並且表現得和去年同級的學生以及其他學校學生一樣好。[10]

Richards（1920）做了一次類似Cornman的研究。他研究七十八位六、七、八年級的學生，一年不學拼字。Richards 的研究報告指出，這些學生中，68%的拼字能力進步超過一般一年的學習，20%沒有什麼改變，只有12%變差了。另一類似的研究是 Kyte（1948）所進行的，他發現拼字能力優秀的學生即使沒有接受拼字教學，拼字能力仍持續地進步。

非常年幼的學生也能不用教就學會拼字。Goodman 與 Goodman（1982）說，他們的女兒 Kay 在入學前便學習閱讀與拼字。六歲時便能正確拼出 58%的三年級拼字表中所列的字，也能識別表中 91% 拼法正確的字。

一些學者發現，孩子可以正確拼出相當多課堂中沒有學過的字（Thompson, 1930; Curtiss & Dolch, 1939; Hughes, 1966）。而且對於已經學過的字也會表現得越來越進步（Curtiss & Dolch, 1939），這是不教也能拼得很好的另一項佐證。

> 成人學英語，可以不經過教學而增加拼字能力。

Haggan（1991）發表的證據指出，成人學習第二語言時，拼字能力也可不教就進步。在科威特大學（University of Kuwait）主修英語而母語是阿拉伯語的學生，即使「課程中並未有系統地、明確地教導拼字」（p. 59），大四學生在寫作中犯的拼字錯誤比大一學生少。

教學的效果

前面提過的有關校內自由閱讀方案的研究顯示，當自由閱讀與直接（傳統）教學結果比較時，自由閱讀的效果都相當於、甚至是優於直接教學。若是研究長期的效果，自由閱讀更永遠是贏家。此外，Snow、Barnes、Chandler、Goodman 與 Hemphill（1991）指出，單字教學的多寡與閱讀理解力和字彙能力的進步之間，在四年的研究中找不出顯著的正相關。Snow 等人也發現，課堂中完全只用一種基礎讀物或是練習簿，與閱讀理解力的增加是負相關；但是若把練習簿當成回家作業，則與閱讀理解力的增加會是正相關。這個結果與本節中呈現的其他例子並不一致。

> FVR 幾乎永遠優於直接教學，不論是在：
> - 閱讀測驗
> - 字彙測驗
> - 寫作測驗
> - 文法測驗

雖然針對自由閱讀對拼字能力影響的研究還沒有一致性的結論，其他顯示教學對拼字能力影響有限的佐證卻不少。Rice（1897）宣稱，沒有發現學生學習拼字的時數與拼字表現兩者之間的關聯性。[11]

> 幾乎所有學生的拼字能力在拼字教學後都只進步一點點。

另外一項拼字教學無效的證據來自 Brandenburg（1919）的研究，他指出：經過一個學期「持續不懈且明確地」標明大學生在心理學報告中所犯的拼字錯誤後，學生的拼字正確性並沒有提升。

Cook（1912）的研究發現學生很難學習和應用拼字規則。Cook讓九十六位高中生和大學生做拼字測驗，其中包含一些可套用前一年所學的拼字規則的字。他發現拼字正確率與下列三者都無關，學

生自稱：(1)知道拼字規則，同時在測驗中運用；(2)知道拼字規則，但沒有在測驗中運用；(3)完全不清楚拼字規則。此外，大學生的測驗結果表現得較好，但是高中生卻比較清楚拼字規則，證實知道規則和拼得正確之間缺乏關聯性。[12]

我只找到兩個指出拼字教學有明顯成效的研究。Thompson（1930）的研究中，教學造成拼字能力進步的效果，至少優於沒有接受教學一年半以上。而我也曾指出（Krashen, 1989），Thompson研究中的學生花了非常多的時間在拼字教學。Hammill、Larsen 與 McNutt（1977）研究有接受拼字教學的三、四年級學生，拼字能力遠遠領先沒有上拼字教學的同年級學生。不過這個優勢在五、六年級時就褪去了。到了五、六年級，有沒有上拼字教學的學生在一項標準拼字測驗中，正確率的表現無分軒輊。當拼字教學有用時，可能也只在幫助學生成功拼出自己就能學會拼的字。[13]

> 拼字教學若是有效，可能只是幫學生學會拼那些從閱讀中就自然學會拼的字。

Wilde（1990）估計藉由直接教學學會拼一個字平均要花二十分鐘！她的思考邏輯是這樣的：拼字課程每年約教七百二十個字，每天約花十五分鐘，或是每年花四十五小時。學生在上課前可能已經學會 65%要教的字，另外 12%在一年過程中不經意地就學會了，也就是一共77%是不教就會的。假設學生能精熟生字表上95%的單字（這是樂觀的估計），這意味教學只教會七百二十個字中的 18%（95%減去77%），或是一百三十個字。以一年花四十五小時來算，平均學會拼一個字要教二十分鐘。

一系列可溯自 1935 年的研究證實，文法教學對閱讀與寫作沒有影響（參見 Krashen, 1984 與 Hillocks, 1986 的評論）。紐西蘭研究

（Elley, Barham, Lamb, & Wyllie, 1976）或許是其中最徹底的一個。高中生被分為三組：第一組在英文課中上傳統的文法教學，第二組上改變形式的文法教學，第三組不學文法。一連三年，學生每年都接受測驗。Elley 等人發現，三組學生不論在閱讀理解、寫作風格、寫作技巧，或字彙等方面都沒有分別。研究者的結論是：「很難不下這樣的結論，就是不論傳統的還是改變形式的文法教學，實際上對一般高中生的語文發展都沒有影響。」（pp. 17-18）學習複雜的文法結構對閱讀（或寫作）沒有幫助；更確切地說，通曉複雜的文法規則是閱讀的成果。[14]

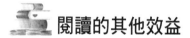

閱讀的其他效益

閱讀的樂趣

> 如果你沒有這種經驗，那麼讓我告訴你，對某些人（例如我）來說，閱讀一本好書，讓自己沉浸在字與思想的趣味中，是種無與倫比的幸福。（Asimov, 2002, p. 18）

我曾提出愉快假設（pleasure hypothesis）（Krashen, 1994）：能夠提升語文能力的教學活動一定是充滿樂趣的。當然，僅只是有趣的活動並不一定對語文學習有幫助；有些有趣的活動完全沒有助益。充滿樂趣並非有效保證。

> 愉快假設：能夠提升語文能力的教學活動一定是充滿樂趣的。但是有趣並不保證對語文學習有幫助。

不過有意思的是，有充足證據顯示，自由自主的閱讀會讓人覺得充滿樂趣。

證據包括 Csikszentmihalyi（1991）的心流（flow）研究。心流是當人們專注而輕鬆地投入活動時所達到的一種狀態。當處於心流狀態時，日常關注的事，甚至是自我的感覺都會消失——對於時間的感覺也改變了，活動以外的其他事情都覺得無關緊要。跨文化研究結果顯示，可以很輕易在各種不同文化與群體的組成份子中發現心流狀態。例如，日本的摩托車幫派份子在騎車過程中會經歷心流（Sato, 1992），攀岩的人在攀爬過程中也會體驗心流（Massimini, Csikszentmihalyi, & Della Fave, 1992）。

特別要注意的研究發現是，閱讀「大概是目前全世界最常被提及的心流活動」（Csikszentmihalyi, 1991, p. 117）。這項發現與享受閱讀樂趣的人所說的結果相符。一位北義大利威爾斯的居民說，每當他閱讀時，「立刻沉醉在閱讀中，而平常擔心的問題都消失無蹤」（Massimini et al., 1992, p. 68）。Nell 的一位受試者說：「閱讀讓我從日常生活中難以忍

> 閱讀是最常被提到的「心流」活動。

受的……逃離出來……每天在我閱讀『垃圾文章』的幾個小時裡，我得以逃離周遭的人、事、物，還有逃離我自己的煩惱和不滿。」（Nell, 1988, p. 240）Nell 引用的 W. Somerset Maugham 的話也有類似的意思：「與人交談一段時間後我就覺得厭倦，遊戲使我感到疲累；而我的思路，那個據說是理智的人永不耗竭的泉源，也像是要逐漸乾涸似地。然後，我飛向書本的懷抱，就像是吸鴉片的人奔向他的煙桿。」（Nell, 1988, p. 232）

有數個研究都證實，學生偏愛校內自由閱讀勝於傳統的語文課。

Bailey（1969）訪問二十二個其子女參加校內自由閱讀方案的父母，問到他們的孩子對校內閱讀方案的反應是如何？「你孩子曾抱怨在教室中閱讀嗎？」二十二對父母對於這個問題的答案都是「沒有」。當問到「你的孩子今年變得比較愛閱讀，還是比較不愛閱讀？」二十一對父母回答「比較愛閱讀」，一對回答沒什麼改變。

Gray（1969）詢問二十七位剛結束為期一年個別閱讀的學童：「如果你要再選擇一年的閱讀方案，你會選擇哪一種呢？」二十七位學生全部都選擇獨立閱讀。

Greaney（1970）比較兩組都柏林的六年級學生，發現學生顯然比較喜歡自由閱讀，而比較不喜歡傳統的語文課。每組學生每日都有四十分鐘的閱讀課，實驗組學生可以選擇自己想看的書，並且以自己的閱讀速度讀完。

> 學生喜歡自由閱讀勝於傳統課程。

八個月後課程結束時，將閱讀課評為有趣的實驗組學生顯著多於傳統閱讀課的對照組學生（表 1.4）。

表 1.4　自由閱讀 vs.傳統語文課

評等	自己選擇	傳統
非常有趣	28	8
還算有趣	9	13
中性－無趣	3	17

資料來源：Greaney (1970).

Ivey 與 Broaddus（2001）訪問二十三所學校一千七百六十五位六年級生，他們最喜歡語文課中的哪種活動？自由閱讀時間（63%）和老師朗讀（62%）顯然是冠軍（學生可以選擇多種最喜歡的活動）。

McQuillan（1994）訪問大學中通俗文學課裡的外語和第二語言的學生對課程的看法。McQuillan要學生比較自己選擇閱讀、指定閱讀和文法教學：「根據你這門課和其他第二語言課的經驗，哪一種方式你覺得最讓你快樂：指定閱讀、自己選擇閱讀，還是文法？」

由於外語學生和第二語言學生的回答相似，McQuillan將兩者的答案合併。全部四十九位學生中，55%覺得指定的通俗讀物比較令人快樂；29%投票給自己選擇閱讀，而16%投給文法。

McQuillan提到，較多人喜歡指定閱讀可能是因為這些讀物「就非常受以前的學生歡迎」（1994, p. 98）；因此，教師指定的這些讀物是既好看又容易取得。McQuillan還問到：「若是在閱讀通俗文學和學習文法中二選一，你會比較喜歡哪一個？」80%（n＝39）的學生說比較喜歡閱讀通俗文學作品。其他關於外語學生對自由閱讀有正向態度的研究，還有Rodrigo（1997）與Dupuy（1997, 1998）的研究。

Nell（1988）提出有趣的證據說明為何睡前閱讀是如此迷人。喜愛閱讀的受試者在睡前讀一本自己挑選的書，在他們閱讀時測量他們的心跳、肌肉活動、皮膚位能，以及呼吸速率。這些測量項目的擾動情況會和做其他活動的情況比較，例如閉眼休息、傾聽環境中隨機產生的聲音、在腦中做算數，以及從事視覺有關的活動。Nell發現，與閉眼休息

> 睡前閱讀為何如此令人愉快。

相比，閱讀時的擾動增加。不過，閱讀完後的一段時間內擾動明顯減弱，有些個案的擾動甚至會降低至基準線（閉眼休息的情況）以下。換言之，睡前閱讀時雖會增加擾動，但是之後卻會使人放鬆。Nell另一個與此相符的發現是，睡前閱讀是很普遍的活動。二十六位喜愛閱讀的受訪者中，有十三位每晚睡前都會閱讀，而有十一位

則是「幾乎每晚」或「多數的晚上」都會睡前閱讀（1988, p. 250）。

Robinson 與 Godbey（1997）整理 1965 年到 1985 年之間所做的調查，證實了閱讀的樂趣：成年美國人一直將閱讀評為令人身心愉悅的活動。1985 年他們調查二千五百位成人，以十分為滿分的愉快程度中，閱讀書籍和雜誌得到 8.3 分，嗜好得 7.5 分，電視得 7.8 分，而「與人交談」是 7.2 分。

研究文獻中也充滿了非正式的紀錄支持小孩喜愛在學校中閱讀。Johnson（1965）說，當他允許六年級學生消遣式的閱讀時，「不會有秩序問題」，而且當自由閱讀時間結束時，學生偶爾還會要求給更多的閱讀時間。Petre（1971）描述馬里蘭州公立學校的三十五分鐘「閱讀休息時間」（reading breaks）的影響：「當閱讀休息時間開始時，全班還是出奇的安靜……一位中學校長說他們學校開始營造閱讀環境以後，風紀問題的個案降低了 50%。」（p. 192）

Pilgreen（Pilgreen & Krashen, 1993）的 ESL 學生非常喜歡維持靜默閱讀：56% 的受試者說「非常」享受這段閱讀時光，38% 的人說「有點」享受這段閱讀時光，只有 7% 的人說「僅有一點點」享受這段閱讀時光。Sadowski（1980）有個相似的研究，他問高中生對七週 SSR 課程的想法：「所有有作答的人中（占全體的 48%），58% 給予這個閱讀方案高度評價，並且希望能持續下去；只有 .09% 給予非常負面的評價，同時希望取消這個閱讀方案。」（p. 724）

Davis 與 Lucas（1971）花一年時間研究七年級與八年級學生自由閱讀，並且記錄道：「學生幾乎沒有例外地接受了這樣的閱讀方式，並且希望明年可以繼續下去……中心的指導老師接到許多抱怨，說五十分鐘的閱讀時間不夠，希望至少能延長成一小時。」（p. 743）

Thompson（1956）發現：「大部分採用自己選擇閱讀的老師對

它的評價是：『我喜歡，因為學生喜歡。所有學生的紀律問題都解決了。』有位老師問到：『要如何才能讓學生停止閱讀呢？我的方法是在他們休息完進教室時立刻把書拿走，然後在上完拼字與算術時再立刻將書拿出來朗讀。』」（p. 487）

Oliver（1976）說，維持靜默閱讀有「安靜效應」，可以讓四、五、六年級學生靜下來，而且「對有潛在行為問題的學生形成約束的壓力」（p. 227）。Farrell（1982）說，國中學生在維持靜默閱讀當中會表現出「下課鐘響了也不願（將書本）放下」（p. 51）。

結束這令人愉快的一節前，我還想提兩個不怎麼讓人喜歡的校內自由閱讀案例。Minton（1980）研究一個學期的 SSR 對高中生的影響。學生與老師對這個閱讀方案都抱持負面態度（只有 19%的學生覺得這是個「超棒的想法」），而且在 SSR 方案後都不太想再繼續閱讀；28%的人說閱讀方案結束後仍正在閱讀一本書，而推動閱讀方案前則是 55%。Minton 討論了幾個可能造成這次 SSR 失敗的原因，其中我最相信的是 SSR 被安排在每天相同的時間。這種安排非常怪，也很擾人，有些學生在上體育課，有些學生則在上工業藝術課等等。

第二個負面的報導來自 Herbert（1987）的研究。七、八、九年級的學生大都對 SSR 採負面態度。Herbert 有說明調查問卷的內容，但沒有提供 SSR 進行方式的細節。不過，她提到大部分學生對閱讀一般性的讀物是持正面的態度。

Yoon（2002）回顧數個 SSR 的研究文獻後說，參加 SSR 的人在態度問卷中反映出較好的態度。不同於這節中想推崇的是，SSR 的效果只是普通，並且只對三年級或更小的孩子有明顯的效果。Yoon 的文獻回顧中包括幾篇未發表的博士論文，而研究方法則依賴正式

問卷，這就解釋了研究結果為何不同〔關於閱讀態度量表的效度（validity）與限制討論，請參見 Von Sprecken & Krashen, 2002〕。[15]

閱讀與認知發展

　　閱讀會影響認知發展是幾乎沒有疑義的事，不過要找到直接證據來證明這點，卻出人意外的不容易。Ravitch 與 Finn（1987）在他們名為《我們的十七歲年輕人知道些什麼？》（*What Do Our 17-Year-Olds Know?*）的研究中發現，讀得越多的十七歲年輕人知道得也越多：居住環境能接觸到較

> 讀得越多，知道得越多。

多出版品的人，一般在歷史與語文的測驗上表現得較好；同時，閒暇時的閱讀量與語文測驗的結果成正相關。Stanovich 與 Cunningham（1992）證實，即使在非語言因素被控制的情況下，閱讀得比較多的大學生，同樣在 Ravitch 與 Finn 使用的歷史和語文測驗上表現得較優秀。

　　讀得多的人也在各式文化測驗中表現得較佳。West 與 Stanovich 設計一項文化素養測驗——一張三十位名人名字的檢核表，其中包括表演藝術家、專業表演者、探險家、哲學家與科學家。即使控制了其他因素，例如 SAT 分數（West & Stanovich, 1991）、年齡、教育程度、看電視時間（West, Stanovich, & Mitchell, 1993），與非口語的能力（Stanovich, West, & Harrison, 1995），較常閱讀的都表現得較好。Stanovich 與 Cunningham（1993）在一項「實用知識」測驗和一項科學與社會研究測驗中，也發現相似的結果。Filback 與 Krashen（2002）在一項成年基督徒的研究中發現，自願閱讀聖經的時間能

有效預測聖經知識，但是正式查經的時間卻不能。

善於思考的人較愛閱讀

研究「善於思考」的學生使我們相信閱讀能使人更聰明。因此，善於思考的人可以定義成愛閱讀，並且已經閱讀許多書的人。Simonton（1988）做結論道：「幼年與青少年時期無所不讀的人，與他此生最後的成就之間有正向的關係。」（p. 11）Schafer 與 Anastasi（1968）記述說，被認為有創造力的高中生比一般學生更常閱讀；許多有創造力的高中生說一年閱讀超過五十本書。Emery 與 Csikszentmihalyi（1982）研究十五位出身藍領家庭、但最終成為大學教授的人，以及十五位成長於相似家庭背景、長大後仍是藍領階級的人，發現大學教授小時候的成長環境有比較多的讀物，同時也閱讀比較多的書。[16]

閱讀與書寫恐懼

自由閱讀還有其他好處。Lee 與 Krashen（1997）認為讀得越多的人越沒有「寫的恐懼」，因為駕馭文字的能力比較好。他們對台灣高中生的研究指出，閱讀量與寫作恐懼量表的分數之間呈現中等的負相關（也可參見 Lee, 2001）。這中等程度的負相關（r = -.21）也可能來自其他影響寫作恐懼的因素，例如對寫作程序的熟悉度。不過，這個研究結果與 Daly 與 Wilson（1983）的研究結果一致，Daly 與 Wilson 指出，較不害怕寫作的人比較能享受閱讀的樂趣。

結論

在一對一的比較中，閱讀總是比直接教學來得有效。其他研究

也證實直接教學的成效有限，甚至無效。從這些研究結果中，我們可以下個簡單結論：閱讀對於培養閱讀理解力、寫作方式、字彙、文法和拼字相當強而有力。此外，證據顯示閱讀還能使人愉快、提升認知發展，以及降低寫作恐懼。

一種詮釋

研究顯示閱讀能增進培養識字力，也產生大概沒有人會有異議的結論：閱讀很有幫助。不過研究其實支持更強的結論：閱讀是唯一的方法，唯一能同時使人樂於閱讀、培養寫作風格、建立足夠字彙、增進文法能力，以及正確拼字的方法。

> 閱讀是唯一方法。

有兩個原因讓人不需懷疑這麼強的結論的正確性。第一，閱讀的對手——直接教學沒有什麼功效。第二，其他領域的研究和理論也都支持這個結論。早期閱讀發展的研究學者斷言「我們從閱讀中學會閱讀」，也就是我們在試著弄懂書頁上看到的東西的過程中學習閱讀（Goodman, 1982；也可參見 Flurkey & Xu, 2003; Smith, 1994b）。在我自己對語言學習（language acquisition）的研究中也做出以下結論：只有一種學會語言的方式，就是在低度焦慮的情況下了解訊息，或是「輸入可理解的」訊息（如 Krashen, 2003a）。這正是自由自主閱讀的真義：我們可理解的訊息是在低度焦慮的情況下呈現。

如果結論正確，如果閱讀是唯一方法，那麼我們必須重新考慮、分析現在以反覆練習（drills and exercises）教導語文和培養識字力的方式。當我們以這種方式教導語文時，我們只

> 反覆練習的直接教學方式只是考試而已。

是在不斷考試而已。換言之,傳統的語文教學僅只是測驗,而這種測驗方式讓原本在書香環境中成長的幸運孩子能順利通過,不幸生長在圖書資源不足的環境中的孩子則是失敗。

讓我更具體地解釋。每個星期一,數以千萬計的語文課中,學生得到一張列有二十個生字的學習單。接下來的一個星期中,他們得做「技能培養」的練習:連連看,將單字與對應的字義用線連起來、將單字填入適當空格中、每個生字各造三個句子。星期五時便要接受這些單字的測驗。

如果將這二十個生字給成長在書香環境、有閱讀習慣的孩子看,他可能已經認識其中的十五、六個單字。他可能早在《選擇你自己的冒險》(*Choose Your Own Adventure*)、《哈利波特》(*Harry Potter*),和《蝙蝠俠大顯神威》(*Batman Returns*)中,便見過這些字了。若是上課認真,他的成績就能得 A;即使不那麼認真學習,也能得個 B。

> 愛閱讀的人通過字彙測驗,不愛讀書的人則不及格。

若是把這二十個生字給成長環境中缺乏讀物的孩子看,那情況就大不相同了。他或許認得五、六個字。如果他非常努力學習,也許可以得個 D+。對這群孩子來說,直接的語文教學不過只是讓他們不及格的考試罷了。和受虐兒一樣,他們都將失敗歸咎在自己身上。[17]

> 閱讀能力不佳的學生得做更多無濟於事的練習。

成長在缺乏圖書資源的環境下的孩子,通常是如何被對待的呢?給他更多的反覆練習,結果依然是徒勞無功。Richard Allington (1980) 發表的文章標

題總結了研究結果：「閱讀能力不佳的學生在閱讀小組中也無法讀得夠多。」閱讀能力好的人被允許有更多的自由閱讀。閱讀能力跟不上的學生被要求寫更多的學習單、作業簿和練習，這些都只是更加深閱讀能力的鴻溝。

巴比安娜的男學生（Schoolboys of Barbiana）是八個無法在義大利教育體制中成功的青少年組成的團體（Schoolboys of Barbiana, 1970），他們所知道的學校就是考試而已。他們徹底分析在學校中失敗的原因，發現學校裡存在著無法否認的社會階層偏見：不管在哪個年級，貧窮家庭的孩子失敗的比例都高於家長是專業人士的孩子。根據巴比安娜的男學生的分析，失敗孩子的家長將責任歸諸在孩子身上：

> 其中最窮的家長……根本不曾想過到底情況是如何……若是孩子在學校的功課表現不佳，那麼一定是孩子生來就不是塊讀書的料。「就算老師如此說。他真是位紳士，要我坐下，把孩子的紀錄簿拿給我看，裡面的考試卷上都是紅色的註記。我想是老天不保佑，沒給我們生個聰明的孩子。他以後會和我們一樣去做工。」（p. 27）

巴比安娜的男學生將學生的失敗歸諸不同的原因。其中一個是成績好的學生早在入學前便已具備識字力。

中學（六到八年級）教師覺得他們是在教識字力，因為看到了學生的進步：「當學生剛進初中（六年級）時，他們實在是識字力不足。但是現在他們的作業都寫對了。」實際的情況是識字力比較差的學生都已經因為跟不上進度而離開了學校：

她說的是誰呢？她一開始收到的學生哪兒去了呢？現在留
下來的那些都是一入學便能正確書寫的學生，可能三年級時就寫得很不錯了。他們都是在家裡便學習寫字的學生。

> 識字力低落的學生先是無法勝任學校課業，然後輟學。

那些一開始在她班上識字力不足的學生現在一樣還是識字力低落，只是她眼不見為淨罷了。（1970, p. 49）

巴比安娜的男學生做結論道，問題得在學校中解決：

有時候，放棄他們（貧窮家庭的孩子）的誘惑太強。但是如果我們放棄了他們，那學校還成學校嗎？就會像個只照料健康人、卻拒絕病人的醫院。學校只是不斷地加深已經存在的鴻溝。（1970, pp. 12-13）

註

1 表 1.1 中的數據採自下列研究：

持續時間少於七個月：

更好：Wolf 與 Mikulecky，1987；Aranha，1985；Gordon 與 Clark，1961；Halt 與 O'Tuel，1989（七年級）；Huser，1967（六年級）；Burley，1980；Mason 與 Krashen，1997（第一項研究：廣泛閱

讀）；Shin，2001。

沒有差異：Sperzl，1948；Oliver，1973、1976；Evans 與 Towner，1975；Collins，1980；Schon、Hopkins 與 Vojir，1984（Tempe）；Sartain，1960（「優秀閱讀者」組）；Summers 與 McClelland，1982（三組）；Huser，1976（四、五年級）；Holt 與 O'tuel，1989（八年級）；Reutzel 與 Hollingsworth，1991。

更差：Lawson，1968；Sartain，1960（「閱讀速度較慢」組）；San Diego County，1965。

持續時間為七個月至一年：

更好：Fader，1976；Elley，1991（新加坡，P1 調查）；Jenkins，1957；Manning 與 Manning，1984（同儕互動組）；Bader、Veatch 與 Eldridge，1987；Davis，1988（中等程度的閱讀者）；Mason 與 Krashen，1997（四年制大專生研究，廣泛閱讀）；Mason 與 Krashen，1997（兩年制大專生研究，廣泛閱讀）；Lituanas、Jacobs 與 Renandya，1999（廣泛閱讀）。

沒有差異：Manning 與 Manning，1984（純粹 SSR）；Manning 與 Manning，1984（實習教師研討會組）；Schon、Hopkins 與 Vojir，1984（Chandler）；Schon、Hopkins 與 Vojir，1985（七、八年級）；McDonald、Harris 與 Mann，1966；Davis 與 Lucas，1971（七、八年級）；Healy，1963；Davis，1998（高能力閱讀者）。

持續時間超過一年：

更好：Elley 與 Mangubhai，1983（四、五年級）；Elley，1991（新加坡，樣本人數五百一十二人）；Elley，1991（新加坡，P3 調查）；Aranow，1961；Bohnhorst 與 Sellars，1959；Cyrog，1962；Johnson，1965。

沒有差異：Cline 與 Kretke，1980；Elley 等人，1976。

Davis（1988）的研究結果是中等能力組的學生進步幅度最大（達到一整年的進步），但是高能力組的學生則是閱讀組和對照組沒有統計上的顯著分別。不過，高能力閱讀組的學生比高能力對照組的學生多進步五個百分點（五個月）。另外，高能力組學生進步幅度不夠大可以解釋如下：SSR 對較不成熟的人最有效，閱讀能力已經非常傑出的學生，閱讀能力可能無法從每天的 SSR 中進步個幾分鐘吧。Cline 與 Kretke（1980）的長期研究指出，閱讀能力的增加並無分別；不過研究對象是國中生，同時他們的閱讀能力已經超越兩年的水準，因此可能早已建立了閱讀習慣。

在 Manning 與 Manning（1984）的研究中，參加維持靜默閱讀的學生的進步程度比對照組好，不過差異未達統計上的顯著性。當學生能夠與其他同學互動，也就是彼此可以討論閱讀內容和分享書籍時，維持靜默閱讀的效果就顯著比傳統教學的效果好。

國家閱讀小組（National Reading Panel, NRP）（National Institute of Child Health and Human Development, 2000）聲稱 Burley（1980）指出的閱讀效益非常「小」。參加 SSR 的學生與另外三種情況的學生比較，其中一個量測的整體 F 值是 2.72（$p < .05$）；另一個量測的 F 值是 8.74（$p < .01$）。Burley 並未詳細說明追蹤比較的結果，只是說閱讀組的表現較佳。無法從提供的數據中計算有效尺度（effect size）。不清楚國家閱讀小組是如何做出差異非常「小」的結論，尤其是考慮到研究只持續六星期，而閱讀時間只有十四小時。Shanahan（2000）對我的評論的反應是：「問題不在於統計數據，而是研究設計。每個組別（treatment）的學生都由不同的老師來教，而且學生也不是隨機被安排到每一組。要想

明確把差異歸因於各組方式的不同是不可能的。」這樣說並不正確：學生的確是隨機分組的（Burley, 1980, p. 158），而四位教師也是隨機指派的。除此之外，SSR 組的學生表現得比另外由三位不同教師教的三組學生都要好。

國家閱讀小組將 Holt 與 O'Tuel（1989）的研究結果解讀為閱讀組和對照組之間沒有閱讀理解力的差異。這項研究包含兩組樣本——七年級與八年級生。根據文章的敘述，所有樣本的閱讀測驗結果都顯著地比較優異。文章也說七年級生的差異達到顯著水準，但是八年級則沒有。不過，文章中表 2 的七年級閱讀測驗結果則顯然未達顯著水準。根據後測平均所算的七年級有效尺度（我的計算結果）足足有.58，但是八年級則只有.07。國家閱讀小組並沒有提到這點差異。我將這樣的研究結果歸為分裂的結論（split-decision）。

2 Tsang（1996）的研究指出，放學後參加為期二十四週廣泛閱讀計畫的香港初中與高中生，寫作能力比另外兩組參加數學計畫和寫作計畫的學生進步得多。閱讀組學生在了解內容和文句使用上都進步許多，但是在字彙、組織或文章結構上則沒有明顯進步。Tsang 認為字彙沒有進步的原因可能跟閱讀的內容有關（分級教學讀本），或是寫作測驗的廣度不足，以致無法測出字彙能力的進步；也許文章主題並不需用到太多新的字彙。Tudor 與 Hafiz（1989）以及 Hafiz 與 Tudor（1990）也指出，參加完維持靜默閱讀計畫後，學生在作文時也並沒有使用更多樣的字彙；這樣的結果可以用作文題目的性質以及閱讀的範圍解釋。此外，這些研究持續的時間都相當短，不超過一學年。

Renandya、Rajan 與 Jacobs（1999）研究四十九位在新加坡接受兩

個月密集英文課程的越南官員，上課前這些人的英文程度介於「低等到中偏高等」。

一部分課程中含有廣泛閱讀：學員可選擇閱讀二十本英文書，或是至少讀八百頁。重要的是，課程設計是鼓勵學員選讀念起來不費力的書、有趣的書，以及選擇廣泛的題材。讀完一本書後，學員要寫一篇短的總結。教師會對總結的內容寫一些建議，但是很少強調寫作方式。問卷結果證實學員認為閱讀有趣、易懂，也讓人快樂。

Renandya 等人的報告中說：閱讀得越多的學員在一項非專業英文測驗（測驗項目包括聽力、閱讀、文法、字彙）中進步得越多（r＝.386）。這項預測指標在多重回歸分析（multiple regression analysis）中也適用，表示即使其他因素也考慮進去（例如：來新加坡之前閱讀英文的時間量），它仍是非常顯著的指標。

雖然這項研究中沒有對照組，結果仍非常有啟發性。很難想出還有什麼其他因素造成英文成績的進步。例如，也許有人會說讀得越多的人一般是學習動機較高的人，同時也是較認真學習文法與字彙的人。不過我是主張直接學習文法對文法能力的增加效果不大（例如 Krashen, 2003a）。最後，也許有人會說，成績進步或許是由撰寫閱讀總結造成，但是本書第三章的文獻回顧，以及前面提到的 Tsang 的研究結果都指出，增加寫作並不會增加閱讀的力量。

3 Elley（1991）的論文中也有一些關於人們對校內自由閱讀反應的精彩討論。有些成人關心自由閱讀對孩子考試成績是否有幫助。Elley 的研究數據顯示，自由閱讀學生的考試成績良好，事實上比參加文法課的學生表現得好。我的觀點是自由閱讀學生沒辦法考

不好：因為閱讀，學生潛意識地已經吸收或「學會」許多寫作手法，而且自動地、本能地使用出來。事實上，我想大可以說閱讀得好的人幾乎寫出的東西都在可接受的程度，要想寫得不好都很難。另一個許多大人常顧慮的事是自由閱讀的孩子「幾乎只享受獨處時光」。不幸地，這種學習語言必須是痛苦的想法似乎還滿普遍的。

4 美國政府支持的國家閱讀小組也檢視校內閱讀的成效，但卻做出令人咋舌的結論：沒有明確證據支持校內閱讀的效果（National Institute of Child Health and Human Development, 2000）。他們只找到十四組比較閱讀組與對照組的研究，而且每個研究持續的時間都不超過一學年；並且在冗長的報告中只用了六頁就交代完了（相較之下，關於自然拼音教學的研究大約占了一百二十頁）。

有趣的是，雖然校內閱讀的篇幅極少，處境倒也沒那麼糟。有四件研究結果顯示閱讀組表現得較好，但沒有任何一個研究說閱讀組的表現較差。之前曾經談過，即使發現閱讀的效果只是與對照組「沒有分別」，也表示閱讀的效果與傳統教學方式一樣好。基於閱讀更讓人愉快，並且能帶來培養識字力以外的益處，因此應該是更可取的方式。

我也曾指出（Krashen, 2001）國家閱讀小組不但遺漏了許多研究，在他們所選擇的研究中，還錯誤地解釋其中一些研究結果。

5 曾有人主張，這些有關中學生字彙量增加的研究並不足以解釋字彙量的成長，或成人的字彙量（Horst, Cobb, & Meara, 1998; Waring & Takakei, 2003）：曾有人估計，一個五年級學生每年每閱讀一百萬字約可增加數千字的字彙量，這就足以解釋成人的字彙量了。如果有趣的讀物隨手可得，那麼一百萬字對中產階級學生而言是

個平均的閱讀字數（Anderson, Wilson, & Fielding, 1988），不難達成。例如，一本漫畫大約包含二千字，青少年羅曼史，像是甜蜜谷高中系列（Sweet Valley High series），包含四萬至五萬字（Parrish & Atwood, 1985）。

Horst、Cobb 與 Meara（1998）發表的報告說，受試者讀完了一本兩萬字的書以後，只多認識了五個字。若是利用外插法估計，一年閱讀一百萬字，則字彙只會增加二百五十個。不過這個研究用的方法很奇怪：故事由老師在六堂課中朗讀，學生則是跟著老師念。如此做是要確保學生讀完全部的故事，同時避免在閱讀過程中查字典。Horst 等人向讀者保證學生在跟讀過程中「非常投入故事中」（p. 211），不過使用這種方法，學生就無法自己掌握閱讀步調，不能重讀一個句子，也不能稍做暫停。此外，學生也可能從故事中學到一些字，但是測驗中並未考出來；這種情況在這個研究中非常可能發生，因為選用了一個非常長的故事（不過與下面要談的 Waring 與 Takakei 不同，後者採用有控制字彙數的分級讀物）。最後要提的是，Horst 等人使用的測驗並沒有讓學生有加分的機會。

Waring 與 Takakei（2003）的讀後測驗研究指出遺忘很快就發生了：在日本讓學習中階英文的成人受試者閱讀大約六千字的分級讀物，其中包含二十五個被取代的字（例如 yes 變成 yoot、beautiful 變成 smorty）。取代的字出現一次到十八次不等。閱讀時間大約一小時。讀完後立即的測驗結果顯示受試者約能答對十題選擇題，以及五題翻譯題。但是三個月後再測，成績降成答對六題選擇題和一題翻譯題；如此低的成績很難說有字彙上的進步。從 Waring 與 Takakei 的研究——閱讀六千字後多認識一個字，推算閱讀一百

萬字所能增加的字彙少於二百字。

這個研究結果表示字彙的累積是分散式（distributed）以及逐漸增加的（incremental）；也就是說，能夠分散地或是隔一段時間遇到生字的效果最好，閱讀中生字的學習是一點一滴累積的。

研究證實分散式的練習（隨時間分散）對於某些記憶的方式遠比集中式（massed）的練習（全部集中在一次）有效。Bustead（1943）複製 Ebbinghouse 的研究，得到的結果與此相關。受試者僅僅是在間隔不等的時間中念一段文章（並不試著去背它）數次，若是念一段兩百行詩許多次，每次之間間隔一小時，Bustead 說大約要讀二十四次，相當於二百二十九分鐘的閱讀時間，可以背起這首詩。若是每次閱讀的間隔為四十八小時，則須讀十次，或是花費九十五分鐘。若是閱讀間隔為一百九十二小時，則只要讀八次，或是七十七分鐘。分散地接觸這些讀物可以使效果增為三倍，同時我們很重視它在延宕測驗（delayed tests）中展現的有力效果（關於此研究的回顧請參見 Willingham, 2002）。在自然閱讀的過程中遇到生字就有分散閱讀的效果。Waring 與 Takakei 研究中的閱讀只持續一小時，便是集中閱讀的例子：受試者在讀完後與延宕測驗前都沒有機會再遇到這些生字，因為它們是捏造出來的，不會在正常的英文中出現。這就解釋了為何會被快速遺忘（這也很可能可以解釋為何《發條橘子》書中的耐第賽字在三個月後就被遺忘；不過，又不像 Waring 與 Takakei 的研究中遺忘的那麼快，因為閱讀的時間較長，持續數天，而不是只集中在一小時）。

Swanborn 與 de Glopper（1999）發現，測驗中讓受試者只知道部分字義也能得到部分分數的研究，會顯示較高的字彙學習率。這表示許多字並不是在閱讀時一下就能學會，而是字彙的增加是「點

滴逐漸累積」（small increments）的。任何時候都會有我們熟知的字、不認識的字，和半生不熟的字。Twadell（1973）認為，「我們可能『知道』非常多不同程度、意義模糊的字，這些字像是處於全然不知的黑暗與完全熟知的光明之間的幽暗地帶。」（p. 73）（請參見 Wesche & Paribakht, 1996 的另一種測量知道部分字義的字彙的方法。）

Waring 與 Takakei 的翻譯測驗可以部分給分，不過據他們說很少有人得到部分分數。這可能是因為受試者不願猜測答案；此外，只有在寫出「相似意義」的字時才部分給分，若是寫出部分語意類似的字形則不給分。Waring 與 Takakei 的選擇題測驗沒有部分給分的機制；誘導字（distractors）與正確答案的字在字義上沒有重疊之處。如前所述，如果受試者選的誘導字與正確答案間的字義有相似之處，其他研究人員允許選擇題也部分給分。當評量設計成容易部分給分時，可能提高測驗分數，也更符合估計字彙增加的情況。

Laufer（2003）宣稱對於學習第二語言的成年人，在寫作中使用新的字比從閱讀中讀到新的字更能有效增加字彙。然而，在她研究中的閱讀情況是提供生字的字義，或是讓讀者查詢字義，因此她的研究比較了數種不同、有意識地學習單字的方式，如此也就加入了不自然的閱讀因素。Laufer 也提出一個不尋常的理由，來反對依賴閱讀增加第二語言的字彙：課堂中沒有足夠時間提供足以培養豐富字彙的閱讀（2003, p. 273）。其實，這正應該是主張閱讀的理由，因為對學習外語的人來說，休閒閱讀（recreational reading）正是少數可以不需教室、不需老師就能投入的活動之一。事實上，它甚至不需要有說外語的人，而學生可以下課後仍一直閱

讀。要學生上完正式的語言課程後仍然會繼續練習造句，幾乎是不可能的事。

6　大部分 Schatz 與 Baldwin（1986）採用的文章情境都無助於或是無法「加速」（facilitative）讀者成功學會其中的生字。使用的文章段落長度只有三句話，而要想學會一個字的意義可能需要超過三句話。看看下面這個 Schatz 與 Baldwin 使用的例子：「He takes out an envelope from a drawer, and takes paper money from it. He looks at it ruefully, and then with decision puts it into his pocket, with decision takes down his hat. Then dressed, with indecision looks out the window to the house of Mrs. Lithebe, and shakes his head.」（p. 443）

從這段短文中很難得知「ruefully」這個字的意思。若是有更多文章情境（數頁，甚至數章），以及對人物和故事情節更深的了解，讀者就有更多機會了解這個字的意思。（例如，參見本書中《發條橘子》研究的相關討論。）

有些實驗研究人員藉由重寫文句，使文章情境更「加速」或更「周到」（considerate）地幫助提升學習單字。雖然此類研究中的讀者可以從修改過的文章中學會更多單字，讀者也一樣能從未修改的原始文章中學到相當多的單字（Herman et al., 1987; Konopak, 1988）。

7　參見 Ormrod（1986）相似於 Nisbet 的研究結果，以及類似的解釋方式。就我所知，Gilbert 的研究（Gilbert, 1934a, 1934b, 1935）是第一個指出閱讀可增進拼字知識的閱讀後測驗研究。

8　指定閱讀的情況又是如何？若是內容有趣且能理解，那麼預期指定閱讀可以提升識字力是很合理的。研究結果與此相符。Rehder（1980）研究發現，高中學生在上過一學期的通俗文學閱讀課後，

閱讀理解力與字彙都有長足進步。該課程包括指定必讀的書和少數自選的書（學生可以從推薦的書單中選出幾本）。

Lao 與 Krashen（2000）針對英語為外語的學生的研究也指出相似的結果。他們比較兩組香港大學程度的 EFL（English as a foreign language）學生，為期一學期。第一組參加為了滿足與樂趣而閱讀的通俗文學課；另一組為傳統重視學術技能的課程。通俗文學課的學生讀了六本小說，其中五本為指定，一本為自選。他們比傳統課組學生在字彙與閱讀速度方面都有長足進步。研究人員顯然成功地選了讓學生覺得有趣的書（也可參見 McQuillan, 1994 文中的討論）。

倒不是所有指定閱讀都如此成功。O'Brian（1931）的報告中說，對一群五、六年級的學生，傳統的技能培養方式比廣泛閱讀的效果佳。指定閱讀的是社會科學類的主題。Worthy（1998）訪問六年級生，他們說：「讀那些學校指定的書，有些是挺有趣的，但是大部分都很討厭。」（p.513）兩年後，當這些六年級生升成八年級生，有個男孩在語文課中描述當年的指定閱讀是「無聊又愚笨」（p.514）。不過，這些學生本身倒是熱愛閱讀的人。Bintz（1993）描述了幾個原本被老師視為「消極又被動」的學生，但卻是積極主動閱讀的人。這些不為人知的愛閱讀的學生說，他們「猜想指定閱讀會很無聊」（p. 611）。一位十一年級學生告訴 Bintz：「學校指定要讀的東西我都不太記得，不過我自己選讀的內容倒是幾乎都記得清清楚楚。」（p. 610）

當然有很好的理由指定要讀的書（見本書第三章的結論），不過允許自己選擇讀物也非常重要，因為它保證可以讀懂而且有趣。

9 Finegan 提供了這樣一個例子：「vagrant」與「homeless」是同義

字，不過「vagrant」帶有負面的感覺，而「homeless」則是中性，甚至還有點正面（p. 187）。

10 請參見 Krashen 與 White（1991）利用現代統計方法分析 Cornman 的數據。我們確認 Cornman 的結論基本上是正確的：沒有經過教學的學生，作文中的拼字表現與經過教學的學生一樣好。我們發現正式的拼字教學在一些強調形式（單字不在情境中呈現，而是成串列出）的測驗上有特殊的效果，就是鼓勵學生使用刻意的知識（conscious knowledge）。這個發現與目前語言學習的理論相符（Krashen, 2003a）。

11 數據重新分析請參見 Krashen 與 White（1991）。結果符合 Rice 的主張。與重新分析 Cornman（1902；見本章註 10）的數據一樣，我們發現拼字教學讓學生在測驗時專注在形式上。

12 Cook 也指出，即使學生剛剛才學完規則，許多人根本也想不起來。而想得起來的學生，真正記得的也比剛剛才教過的簡單許多：「真是太奇怪了，多數刻意引用 ie/ei 規則的大學生靠的是『Alice』這個字，或是其他幫助記憶的方法；而這些方法只提供線索給十一個字（ie/ei 規則）中的一、二個……沒有一位高一新生說規則是最近教的，但是四個學生都幾乎答對了……有三位高三學生說出實際教過的規則，但是其他學生說的都是更早以前教的版本，像是『Alice』規則等等。最早學過的規則版本似乎最讓人印象深刻。」（1912, p. 322）（「Alice」規則對我來說挺新的；顯然它的意思是除了在「c」之後，「i」要在「e」前面。）

13 要強調的是 Hammill、Larsen 與 McNutt 的結果也是拼字不教就會的有力證據，證實了之前的研究。

14 直接教文法對學習第二語言效果有限的證據請參見 Krashen

（2003a）。

15 Von Sprecken 與 Krashen（2002）回顧閱讀態度調查的文獻後指出，與一般的想法相反，隨著孩子逐漸成長，對閱讀的興趣並未減低。較大的孩子與青少年比年紀小的孩子有更多時間壓力和其他興趣，但是對閱讀的興趣仍舊很強（也可參見 Bintz, 1993）。

16 實情似乎是比較會思考的人比一般人閱讀更多的書。不過達到某種程度後，閱讀量與思考之間的關係就不那麼明確了。Goertzel、Goertzel 與 Goertzel（1978）研究三百位「當代卓越人物」（人物選自 Menlo Park 圖書館館藏中 1963 年後出版的傳記）發現，幾乎半數為「無所不讀的愛書人」（p. 11）。然而，Simonton（1984）重新分析這些資料後發現，「成就」與閱讀量之間的相關係數只有.12。Van Zelst 與 Kerr（1951）研究一群科學家（年齡經過控制）後指出，慣常閱讀專業期刊與產出（論文發表數量與發明）之間的相關係數為.26。他們也指出，閱讀量與產出能力之間成雙峰曲線——有些產出不高的科學家閱讀量很大。顯然好的思考者的確經常閱讀，不過很可能會讀得過多（over-read）。Wallas（1926）就注意到這點，並且說「勤奮而被動的閱讀」（industri-ous passive reading）（p. 48）可能會干擾解決問題。

實際的情況應該是主題廣泛的閱讀（wide reading）顯然有幫助；但是為了解決特定問題而閱讀，選擇性閱讀（selective reading）比較有效，就是只讀解決目前問題所需要的東西。Brazerman（1985）提出支持此想法的證據。Brazerman 研究頂尖物理學家的閱讀習慣發現他們讀得非常多，經常到圖書館使自己能跟上最新的研究。他們會區分「核心」（core）與「次要」（peripheral）讀物，只有與當時研究興趣有關的部分才會仔細閱讀。

17研究證實學童間的字彙量差異極大。Smith（1941）發現，事實上有些一年級生認識的字比高年級生還多。根據 Smith 的研究，一年級生認識的基本字彙量從五千五百個字到三萬二千個字；而十二年級生則從二萬八千二百個字到七萬三千二百個字。其他學者則提出較保守的數據，不過結論仍是孩子間認識的字彙量差異極大。White、Graves 與 Slater（1990）所做的結論是「主流」學童認識的字比「弱勢」（disadvantaged）學童多出 50%（也可參見 Graves, Brunett, & Slater, 1982）。

CHAPTER 2

提升閱讀興趣的方法

如果上一章中的主張是正確的，如果自由自主閱讀是培養適當程度閱讀理解力、寫作方式、字彙、文法與拼字的不二法門，那麼它給我們的啟示就很明確了：語文教育最重要的目標之一就是鼓勵自由閱讀，並且落實。我們已經說了夠多閱讀的價值（我最近從超市拿到的購物袋上印

> 語文教育最重要的目標之一是鼓勵自由閱讀。

著：「讓閱讀成為你滿袋的寶藏：開卷＝打開機會之門」），要朝此目標邁進只需一些些努力。

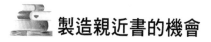 ## 製造親近書的機會

最重要的一步就是製造與書接觸的機會。當然，「你可以牽馬去水邊，但不能強迫牠喝水」。可是，首先我們得確定那兒有水。當馬兒到了水邊，牠終究會喝水的。

家中接觸書的機會越多，閱讀也越多

　　研究結果支持一個眾所周知的事：當書很容易取得、當環境中充滿讀物，閱讀就很容易發生。家中是個充滿讀物的環境，與孩子的閱讀量相關；讀得越多的孩子，家裡通常有越多的書籍（Morrow, 1983; Neuman, 1986; Greaney & Hegarty, 1987; McQuillan, 1998a; Kim, 2003）。

　　Lao（2003）請一些準教師回想自己在孩提與青少年時期的閱讀習慣。說自己年輕時「不太喜歡」閱讀的十二位準教師，都生長於缺乏書籍的環境；十位說自己「小時候便熱愛閱讀」的準教師，都生長在充滿書籍的環境。

教室中的書庫越好，閱讀也越多

　　教室裡有較多的書籍會提高學生的閱讀量。Morrow 與 Weinstein（1982）的研究報告說，在幼稚園教室中精心布置書庫角（library corners），與沒有時相比，孩童在自由玩耍的時間中會更常使用書，也多了其他的「語文活動」。除此之外，當書庫角中的書籍是置放在孩子搆得著的地

> 孩子在家、學校或公立圖書館能接觸到較多書籍，會閱讀較多的書。

方、在孩子容易接觸的範圍內，而且老師准許孩子帶書庫角中的書回家，則孩子自由閱讀的量也增加了（Morrow, 1982）。

學校中的圖書館越好，閱讀也越多

　　充實學校圖書館的館藏也能增加學生的閱讀量。很久以前我們便知道這一點：Cleary（1939）的報告說，學校中沒有圖書館的孩子

平均每四週閱讀 3.8 本書，而學校有圖書館的孩子閱讀量足足有兩倍多，平均每週讀 7.6 本書。而且，學校有圖書館的孩子閱讀的書「比較優良」，84%所讀的書是在「認可的書單」（approved lists）上；相較之下，學校沒有圖書館的孩子所讀的書只有 63%在認可書單上。Gaver（1963）的研究報告指出，能使用學校圖書館的孩童，比起只能使用集中管理藏書（無圖書館員）的孩童閱讀更多書；而後者又比只有教室藏書的孩童閱讀的書多。我重新分析 Gaver 的數據得到孩童能取得的書本數，與自稱的閱讀量之間有很強的關聯性（相關係數 r =.72）。在一項囊括四十一州與哥倫比亞特區圖書館的閱讀研究中，McQuillan（1998a）也發現學校的圖書館越好（藏書越多），則學生越常閱讀。

　　學生從館藏越豐富的圖書館中借出越多書，同時開卷時間也越長（Houle & Montmarquette, 1984）。每一項因素都獨立影響著書的流通：根據 Houle 與 Montmarquette 的研究，增加書的供應量 20%會增加 10%的借書量；延長圖書館開放時間 20%，高中圖書館的借書量增加 17%，小學圖書館則增加 3.5%。計畫性地參觀圖書館也有幫助：McQuillan 與 Au（2001）的報告說，高中老師越常有計畫地帶學生參觀學校圖書館，則學生的閱讀量越高。

> 學校圖書館的館藏越多、開放時間越長，以及更常有計畫地參觀圖書館，會提高書的借閱流通。

　　Lao（2003）所研究的「熱切的」閱讀人之一說，她的父母為積極的閱讀人，並且會念書給她聽，不過家中的書籍並不多。「琳達」（Linda）告訴我們，她母親從別處借書回來，像是公立圖書館，而學校圖書館對她更是格外重要：「學校圖書館像是我第二個家。我

老是待在那兒，並且喜愛閱讀。」

使用公立圖書館會增加閱讀

接觸公立圖書館的便利度也影響孩童的閱讀。Heyns（1978）的報告說，住得離公立圖書館近的孩子閱讀得比較多。Kim（2003）的報告指出，五年級生暑假中的閱讀量與學生自陳向圖書館借書的容易程度，兩者間有高度相關。

Lao 的一位抗拒閱讀的受訪者〔前面所述 Lao, 2003 中的「依琳」（Eileen）〕生長於讀物貧乏的家庭〔「家中書本極少……幾乎可說是根本沒有」（p. 15）〕，後來歸功於公立圖書館而成為愛閱讀的人。四年級時，她發現了 Judy Blume 的書，從此「開啟她的閱讀視野」（p. 16）。（參見後文關於「全壘打」書籍的讀書經驗討論。）

Ramos 的報告說閱讀量的突然增加可能由一次參觀公立圖書館所促成（Ramos & Krashen, 1998）。這項研究中，來自書籍貧乏家庭、同時學校的圖書館不佳的二、三年級學生，每個月在上學時間內、圖書館開放前，被帶到公立圖書館。這項措施讓孩子得以探索圖書館，使用館藏，而且不必顧忌要維持安靜。每個孩子可以借出十本書，如此很快就充實教室中的圖書量，可以用在維持靜默閱讀的時間中，也可以帶回家閱讀。第一次參觀圖書館的三週後調查所有孩子及家長，結果發現顯然孩子們很喜歡訪問圖書館的活動，大多數學生都說閱讀增加了、閱讀變容易了，而且還想再去圖書館。家長的反應和孩子一致，而且似乎表現得更積極。表 2.1 整理出詳細的結果。

表 2.1　參觀圖書館後的反應

兒童調查結果（人數：93 人）	
第一次參觀公立圖書館	52%
參觀圖書館後又再回到圖書館	62%
參觀圖書館後閱讀量增加了	75%
現在覺得閱讀變簡單了	82%
家長調查結果（人數：75 人）	
參觀圖書館後，孩子對閱讀的興趣增加了	96%
注意到孩子閱讀方面的進步	94%
孩子花在閱讀的時間增加了	94%
希望參觀圖書館的活動能繼續舉辦	100%
參觀圖書館後，孩子會要求父母帶他們去圖書館	67%

資料來源：Ramos & Krashen (1998).

　　當然，這個研究的啟示不僅只是讓孩子使用公立圖書館而已。解決之道（提升孩子識字力）還是得從學校開始。參與這項研究的學校很幸運地有一所願意配合、同時藏書豐富的公立圖書館就在附近，其他學校可就沒有這種好運。

> 一趟公立圖書館之旅能顯著增加對閱讀的熱情。

　　能從任何前述提到的場所（家庭、學校、公立圖書館）取得圖書是非常有益的，而且可能足以保證建立起閱讀習慣。不幸的是，許多孩童沒有機會使用到任何一個。Worthy 與 McKool（1996）研究十一位「討厭閱讀」的六年級生，其中九位幾乎沒有機會在家中、學校圖書館或教室

> 通常「討厭」閱讀的人只是沒機會接觸到書而已。

中取得有趣的讀物;而且在接受訪談的那一年中,全部都不曾到過公立圖書館。那兩位有接觸有趣讀物的學生也是十一人中「唯二」有「一點規律閱讀」的(p. 252)。諷刺的是,即使所有受訪學生都被描述成抗拒閱讀的孩子,他們卻都表現出非常熱切地想讀某些方面的讀物,特別是「輕鬆讀物」(light reading)(請參見後面的討論)。

圖 2.1 總結了環境中的出版物、自由自主閱讀,以及培養識字力之間的關係。環境中的出版物影響識字力培養的研究結果證實圖 2.1 是正確的,由圖中虛線來表示。這些顯示了一致的結果:出版物越豐富的環境,也就是越容易取得讀物,識字力的培養就越

> 環境中的出版物越豐富,越能培養好的識字力。

好。(研究文獻回顧請參見 Krashen, 1985a, 1988, 1989; Snow, Barnes, Chandler, Goodman, & Hemphill, 1991;印證請見 Foertsch, 1992。)

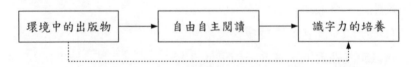

圖 2.1 環境中的出版物與自由自主閱讀對識字力培養的關係

雖然環境中出版物的豐富性與培養識字力之間的關係始終是正向的,但是研究人員發現二者的關聯強度只是中等。可能的解釋是兩者間有一種關聯,或是「中介變項」(mediating variable)還沒有找到:即圖 2.1 中所示的真正的自由閱讀。豐富的出版物環境只有在閱讀量也增加的情況下,才能提升更多的識字力。

Pack（2000）提出更清楚的證據，說明只是提供容易取得讀物的環境還不夠。Pack研究學童放學後的活動，其中一群孩子被歸為「圖書館鑰匙兒童」（library latch-key kids），他們的父母將公立圖書館當成每天一到六小時的「免費的課後安親資源」。Pack發現，這些孩子在圖書館中幾乎都在「閒晃」（hang out）（p. 166），不讀書，只是與同儕交際，以及玩電腦。

> 然而，唯有孩子更常閱讀，充滿豐富書籍的環境才真的有幫助。

提供容易取得書籍的環境是必要的，但並不是鼓勵閱讀的充分條件，其他因素更能引發自由閱讀。

舒適與安靜

閱讀環境的布置極為重要。Morrow（1983）研究學前與幼稚園兒童使用書庫角的情況，當有放置枕頭、舒適的椅子、地毯、空間有區隔（partitioned off），以及安靜時，孩子更常使用書庫角。

Greaney 與 Hegarty（1987）的研究結果更令人振奮。他們發現被歸類為閱讀量大的（heavy readers）五年級學生家長，與被歸類為不閱讀的（nonreaders）家長相較，更能允許孩子在床上閱讀。72.2%閱讀量大的家長允許孩子在床上閱讀，而不閱讀的家長只有 44.4%允許孩子在床上閱讀。

 圖書館

本章中介紹的前兩個鼓勵閱讀的因素——容易接觸書本，以及安靜舒適的閱讀環境，都很難在孩子生活中、校內或校外找到。圖書館是可以同時兼具兩種因素的地方。如果許多孩子真的很難取得圖書，而且如果第一章中的主張——閱讀是培養識字力的根源至少部分是正確的，圖書館便至關重要。

孩子從圖書館中取得圖書

孩子從圖書館中借得的書，占了閱讀的書籍中相當的比例。表2.2 集結了許多研究的結果，這些研究詢問十一歲的小學生，他們自由閱讀的書籍從何而來。

表 2.2　十一歲學童的圖書來源

研究	從圖書館取得的書籍百分比
Gaver, 1963	30-63
Lamme, 1976	81
Ingham, 1981	72-99
Swanton, 1984	70
Doig 與 Blackmore, 1995	學校＝ 63；教室＝ 25；公立＝ 57
Worthy、Moorman 與 Turner, 1999 高社經組	學校＝ 19；教室＝ 3；公立＝ 14
Worthy、Moorman 與 Turner, 1999 低社經組	學校＝ 34；教室＝ 6；公立＝ 14
Ivey 與 Broaddhus, 2001	學校＝ 55；教室＝ 28；公立＝ 61

數據間有些不同之處：有些研究中，學校圖書館是使用最廣泛的圖書來源，其他研究中則是教室書庫或公立圖書館。孩子閱讀書籍最主要的來源是某類圖書館，則是所有研究的一致結果。

> 學童從圖書館取得大部分的讀物。

儘管一項研究指出，隨著年齡增長，學童逐漸減少使用公立圖書館（Williams & Boyes, 1986, p. 260），使用圖書館的比例仍舊很高（六到七歲學童使用的比例為 86%，十六至十八歲的比例降至 44%），其他研究則清楚指出，青少年閱讀的書籍許多也從圖書館中取得（表2.3）。

表 2.3　青少年的圖書來源

研究	年齡	從圖書館中借書的比例
Mellon, 1987	九年級生	學校：幾乎 90% 公立：女孩 66%，男孩 41%
Smart Girl Poll, 1999	11-18	學校：66% 公立：58%
Fairbank et al., 1999	10-17	圖書館：66% 學校：25%

較好的圖書館引發較佳的閱讀

如果圖書館是書籍的主要來源，而且如果越常閱讀表示越佳的閱讀，那麼較好的圖書館應該與較佳的閱讀有關。研究證實了這點。

Gaver（1963）指出，就讀有大型學校圖書館的學童，閱讀的進步比只有小型學校圖書館的學童多；而後者又比只有教室書庫的學

童進步得多。

　　Elley 與 Mangubhai（1979；引述自 Elley, 1984）預測斐濟群島學童英文閱讀分數的最重要變項，就是學校圖書館的館藏量。「擁有四百冊以上圖書館館藏的學校，總是比館藏量較小、甚至沒有圖書館的學校有較高的平均分數。」（p. 293）

　　Lance、Welborn 與 Hamilton-Pennell（1993）執行的一項卓越的研究計畫提供了有力的印證。他們發現，即使在貧窮以及使用電腦的程度等因素都被控制的情況下，科羅拉多州投資在學校圖書館的經費與閱讀分數間為正相關。Lance 與他的研究伙伴在科羅拉多以及其他幾州都做過類似的研究，結果顯示圖書館的品質（定義為館藏量，以及館員的存在和素質），與學生的閱讀成就間呈現一致的關聯性。[1]

> 圖書館的品質（藏書與館員）與閱讀成就相關。

　　Krashen（1995）的研究分析四十一州 NAEP 四年級閱讀測驗分數的預測因子，再次證實圖書館的價值。加州人應該會對分析結果最感興趣，因為加州學生在這項測驗上的得分比其他州學生都低，也為此成立了閱讀專門小組，以及察覺加州學校教授閱讀的方式一定是哪裡出了錯。NAEP 測驗最佳的預測因子是，平均每位學生所擁有的學校圖書館藏書量。如同 Lance 等人的研究，這次的分析也控制了其他的因素，例如電腦，以及學校的經費。這個研究強烈指出，加州真正的問題是在書籍的取得：加州的學校圖書館不論是館藏或館員素質，在全美國各州中都屬於最差的之一。McQuillan 的研究也證實了這項建議。

　　McQuillan（1998a）檢視與四十一州以及哥倫比亞特區的 NAEP

四年級閱讀分數有關的因素，也發現學校圖書館是預測 NAEP 分數很好的因子。他的發現中最令人印象深刻的是，指出整體的出版物環境（學校圖書館、公立圖書館、家中的藏書）與閱讀成就間有強烈的相關（r＝.68），而且即使貧窮的影響也考慮進去，這個關係仍然存在。McQuillan 也發現，加州不但學校圖書館在各州中排名殿後，家庭與公立圖書館中的出版物資源也敬陪末座。

　　Elley（1992）研究三十二國的閱讀成就，發現學校圖書館的品質也是預測該國排名的重要因子。不令人意外地，Elley 指出，經濟發展程度較高國家的學童的閱讀成就，比經濟發展程度較低國家的學童來得好。最可能的解釋是，較富裕國家的學童有較多機會接觸到出版品。而特別引起我們興趣的是，Elley 也發現較不富裕的國家中，有最佳學校圖書館的學童彌補了鴻溝中的極大比例（表 2.4 中的頂端四分之一）。學校圖書館可以造成極大的不同。

表 2.4　十四歲學童的平均閱讀成就分數：以學校圖書館規模區分

	底端四分之一	中下四分之一	中上四分之一	頂端四分之一
富裕國家	521	525	536	535
較不富裕國家	445	452	454	474

平均＝ 500。

資料來源：Elley (1992).

　　有非常充分的證據指出，貧窮家庭的孩子接觸書本的機會遠比富裕家庭的孩子少；學校圖書館是窮困人家小孩唯一的希望，唯一的閱讀資源管道。但令人難過的是，目前所有證據都顯示，學校圖書館大多沒有真的幫上忙。

貧窮與取得圖書

　　Smith、Constantino 與 Krashen（1996）調查洛杉磯附近幾個社區取得出版物的便利性，其中包括兩個截然不同的社區：比佛利山（Beverly Hills）與瓦茲（Watts），兩者出版物環境的差異令人瞠目結舌。受訪的富裕比佛利學童說，家中平均可得的讀物有二百本（自己的或手足的）；然而，在低收入的瓦茲家庭中的學童平均不到一本，正確的說只有 .4 本。此外，比佛利山公立圖書館的藏書為兩倍，附近的書局數量也多得多。

> 高收入家庭的孩子「淹沒」在書堆中；低收入家庭的孩子卻必須「積極而堅持不懈地努力追求書本」。

　　Neuman與Celano（2001）發現兩個高收入和兩個低收入出版物環境令人驚訝的差異。以下列舉他們研究結果的一部分：

- 高收入社區附近有較多購買書籍的地方。Neuman 與 Celano 在社區中找尋書店、藥局、雜貨店、低價商店、便利商店、其他類商店與兒童商店。兩個低收入社區附近都各有四處可以買到書的商店；而一個高收入社區附近有十三處，另一個有十一處。低收入社區附近沒有賣年輕成人的書的地方；而一個高收入社區附近有三處，另一個高收入社區附近有一處。

- 高收入家庭的孩子在商店中能找到的書的種類較廣。一個低收入社區附近商店中的童書，書名總共是三百五十八種（平均每二十名孩童一種），另一個為五十五種（平均每三百名孩童一種）。一個高收入社區附近商店共有一千五百九十七種書名的書（平均每個孩子 .3 種）；另一個高收入社區為一

萬六千四百五十五種（平均每個孩子十三種）。出版物最豐富與最貧乏的社區相較，高收入家庭孩子能接近的書籍種類達四千倍之高。「藥局是低收入社區附近提供年紀較小孩子出版物最多的商店。」（p. 15）年輕成人的出版物則非常「稀有」。

- 高收入地區的公立圖書館平均能提供給每位孩童的青少年書籍遠遠多出甚多。兩個高收入社區的圖書館每週有兩個晚上是開放的（到晚上八點），而低收入社區的圖書館從來不曾在晚上六點過後還開放。

- 高收入社區附近有較多具可讀性的環境印刷物（environmental print），幾乎所有環境中的標誌都可讀（96%與99%）。貧窮社區環境中的標誌經常「被噴漆或壁畫覆蓋（graffiti-covered）而難以辨認」（p. 19）；只有66%與26%為「良好可讀的狀態」（p. 19）。

- 高收入社區附近有許多適合閱讀的公共場所（例如，照明充足、座位舒適、工作人員友善的咖啡館）。因此，高收入社區的孩子有更多機會看到正在閱讀的人。

Neuman與Celano做出以下結論：「中等收入社區的孩子可能沉浸在各式各樣的書海中，但是貧窮社區的孩子則必須非常積極地、持續地去尋找書源。」（p. 15）

有如此大的差異存在，實在很難讓人主張，貧窮孩子需要更多注重發音以及拼音練習的直接教學法。首要重視的應該是確保貧窮孩子有書可讀。[2]

Di Loreto與Tse（1999）發現即使同是公立圖書館，高收入的比佛利山和工人階級的聖塔菲司普林斯（Santa Fe Springs）的童書區

便截然不同。比佛利山圖書館有更多童書和雜誌,並且有致力於兒童文學的令人欽佩的圖書館員;而聖塔菲司普林斯的圖書館沒有針對童書區的圖書館員(表 2.5)。

表 2.5　比較兩個社區中公立圖書館童書區的差異

	人數	藏書	兒童雜誌	童書區館員
比佛利山	32,000	60,000	30	12
聖塔菲司普林斯	16,000	13,000	20	0

資料來源:Di Loreto & Tse (1999).

學校又如何呢?

　　貧窮本身當然是很不幸的,但是學校至少可以從一個方面對抗貧窮的影響:讓學生有書讀。回想McQuillan(1998a)的研究發現,即使貧窮的影響以統計方法控制,取得圖書的機會與閱讀成就之間還是有關聯(參見前面所述的 Lance 研究,以及 Roberts, Bachen, Hornby, & Hernandez-Ramos, 1984, Table 3B)。因此,雖然貧窮家庭的孩子接觸書籍的機會比較少是事實,若是將貧窮孩子分成兩組,提供較多讀書機會的那一組孩子將會發展較高的識字力。

　　目前學校盡的力還很少,事實上,學校不但沒有拉近起跑點的距離,甚至還使差異擴大。

高收入家庭的孩子所就讀的學校也有較好的教室書庫

　　在比佛利山與瓦茲的比較研究(Smith et al., 1996)中,我們發現平均一個比佛利山學校教室內的藏書為四百本,而瓦茲則只有約五十本。

Duke（2001）的調查指出，高所得社區的一年級教室書庫平均每個孩子有三十三本書和雜誌，相較之下，低所得社區則只有十八本。一年中，高所得社區教室平均每個孩子會增加十九本書，但是低所得社區則只增加十本。Duke也注意到，低所得社區教室的圖書「看起來比較舊」（p. 475, n.3）。

高所得社區教室中有較多書展示出來。學年開始時，平均每班會「完全展示」（full display）二十一本書，學年中又會增加六十本；而低所得社區學年初則只完全展示十本，學年中更只增加十六本。

高所得家庭中的孩子有較佳的學校圖書館

比佛利山學校圖書館的藏書是瓦茲學校圖書館的二到三倍（Smith et al., 1996）。

Neuman與Celano（2001）發現，高所得社區附近學校的圖書館可以供應每個學童比較多的書（高所得地區的兩所學校分別為 18.9 本與 25.7 本；低所得地區的兩所學校為 12.9 本與十本），同時開放的日數也比較多（兩所高所得地區的學校每週都開放五天；低所得地區的則為四天與二天）。兩所高收入社區的學校圖書館都有具碩士學歷的圖書館員；而兩所低收入社區學校的圖書館連一位合格館員也沒有。記得 Lance 和其同僚的研究指出，圖書館員的水準與孩童的閱讀成績之間有相關嗎？

圖書館的服務也不同。LeMoine、Brandlin、O'Brian與McQuillan（1997）在加州做的研究指出，富裕地區明星學校的學生有比較多機會獨自或整班去造訪學校圖書館，同時容易被允許借書回家。他們研究的十五所績效差的學校中，有七所不允許學生借書回家。

閱讀的力量

> 住在高收入地區的學生，就讀的學校有較好的教室書庫和學校圖書館。

Allington、Guice、Baker、Michaelson 與 Li（1995）針對紐約州學校的研究也得到類似結果。報告中指出，他們調查的十二所學校圖書館中，六所窮學生較少的學校圖書館館藏比另外六所窮學生較多的學校來得多。

Allington 等人也和 Smith 等人（1996）一樣，發現貧窮學區教室書庫的書本數量比較少；同時和 LeMoine 等人（1996）的發現一致，就是「貧窮學生較多的學校，圖書館一週通常只開放一天。有幾所學校甚至還限制學生借閱的冊數（通常一次只能借一到二本）。有兩所學校禁止學生將書攜出圖書館。經濟程度較好的學區則沒有這種限制，它們通常讓學生在一天中都能較自由地取閱圖書，有些甚至在正常上課時間前與下課後都開放」（p. 24）。

藏書的內容也有不同。高收入家庭的孩子可以讀到自己喜歡的書，但是低收入家庭的孩子則不然。Worthy、Moorman 與 Turner（1999）調查德州奧斯丁地區附近的四百一十九位六年級學生的閱讀情況，得到與其他研究相符的結果（參見表 2.1）。Worthy 等人發現，經常上圖書館的孩子中，44%說他們閱讀的書通常是向圖書館借的。Worthy 等人根據可否減免午餐費的標準，將研究的樣本分為高收入家庭群與低收入家庭群，結果低收入家庭群的孩子更依賴從圖書館借書，特別是學校圖書館：例如，63%的低收入家庭學童使用學校圖書館，而高收入家庭學童的比例只有 40%。

Worthy 等人問學童喜歡讀些什麼？不論閱讀能力或性別，孩子們的首選都是恐怖小說〔史坦恩（R. L. Stine）、史蒂芬金（Stephen King）〕與漫畫（這項研究在哈利波特形成風潮前完成）。Worthy

等人也調查三所學校的圖書館有沒有提供這類書籍給學生。學生喜歡的漫畫與雜誌在學校圖書館中「幾乎都找不到」；恐怖小說則「大致上」（moderately）可以找到。新的書因為受歡迎而幾乎都被借走了。教室中也很難找到孩子們喜歡的書：「雖然許多老師知道孩子喜歡哪些書，而且大部分也不會禁止像是《雞皮疙瘩》這類的書籍（「孩子們願意閱讀就讓我高興激動得要起雞皮疙瘩了」），不過教室書庫中這類書仍是屈指可數」（p. 22）而且，「有這些書的教室，要不是老師自掏腰包買的，便是要求學生捐出的舊書。」

> 高收入地區的教室書庫與學校圖書館較可能滿足學生的閱讀需求。

（p.23）高收入家庭的孩子可以在課後得到任何想看的書；低收入家庭的孩子通常不能，而必須依賴學校圖書館與教室書庫，但兩者又經常無法滿足他們的閱讀需求。

圖書館喜歡將民眾喜愛的書籍排除在館藏外實在不是件新鮮事。Michael Dirda 在十歲時就注意到了這點：「真奇怪，我覺得這些高尚的圖書館員似乎都不願在書架上擺放《勇敢男孩》（*The Hardy Boys*）或是《太空軍校生》（*Tom Corbett, the Space Cadet*）（Dirda, 2003, p. 59）。Nell（1988）提出相當多資料，說明許多圖書館員自認為是『圖書品味的守護者』。」

圖書館與第二語言學習者

對於想學外語的人，圖書館提供的環境更糟。培養母語的識字力正是培養外語識字力非常有效的方法（Cummins, 1981; Krashen, 1996, 2003c）。要培養好的母語閱讀能力，孩子需要讀以母語寫作的書。1991 年時，美國國內講西班牙語、而且孩子英語能力有限的

> 培養母語的識字力對增進英語識字力很有幫助，但是通常母語的讀物非常少。

家庭平均只有二十六本書（這是指家中書本的總數，並非適合孩子年齡的讀物）（Ramirez, Yuen, Ramey, & Pasta, 1991），大約只有全國平均值的五分之一（Elley, 1994）。而且再次強調，學校並沒有解決這個問題：在Pucci（1994）研究的雙語學校中，學校圖書館的西班牙文藏書大約是平均每人一本（當時全美小學的平均為每個孩子十八本；Miller & Shontz, 2001）。

　　Constantino（1994）的報告指出，ESL 學生通常不清楚學校圖書館提供哪些服務，而 ESL 學童的家長更是幾乎完全不知道學校圖書館有些什麼？如何運作（Constantino, 1994）？

圖書館經費何處來？

　　Allington 等人（1995）調查紐約州的學校，指出「教室中若有大量普及版的圖書，其中大部分都是教師買的。」（pp. 23-24）

　　為數眾多的教師自掏腰包買書給學生，這些教師都面對嚴重道德上的兩難情境：若是他們不幫學生買書，學生將無書可讀；若是學生的識字力因為讀了他們所買的書而進步，那麼功勞卻會記給基礎系列的讀本以及那些無用的軟體。這種令人無法容忍的情況只有一種解決方式：學校要花更多金錢購買圖書。

> 只要把花在教學科技與測驗的經費撥一小部分出來，就能讓所有孩子都有書可讀。

　　錢是有的，只要撥出一些用在教學科技與測驗的經費，就能使所有學生得以讀到好的讀物。

中肯的建議

《洛杉磯時報》（*Los Angeles Times*）曾刊載一篇文章（Mu-Zoz, 2003），呼籲美國第一夫人蘿拉布希（Laura Bush）參訪洛杉磯的佛南市小學（Vernon City Elementary School），幫助學校贏得五千美元的圖書館基金。佛南市小學是全美第一所向蘿拉布希美國圖書館基金（Laura Bush Foundation for America's Libraries）申請到資金的學校。這件事乍聽之下令人振奮，但是細看後則不然。該篇文章也說到，全美國只有另外一百三十一所學校也可得到蘿拉布希基金會的補助，但是申請的學校多達六千一百所！也就是說，只有 2% 的申請學校可以得到補助。

還不只於此：佛南市的學校得到這筆錢足夠為學校圖書館至多添購四百本書。如此一來，藏書與學生的比例將從十五比一提升成十六比一（記得嗎？全美平均為十八比一）。而且，佛南屬於洛杉磯聯合學區（Los Angeles Unified School District），該學區並無經費給學校圖書館館員；另外，根據《洛杉磯時報》的文章，因為經費不足，下學期開始便要縮短圖書館開放時間。誰來選購書？誰負責照顧這些書？誰要將這些書介紹給孩子？誰來幫老師將這些資源統整到課程中？孩子何時才能讀到這些書呢？

布希女士想幫助學校圖書館的心意是正確的。不過，我怕基金會的貢獻可能如夸父逐日：方向正確但難以達成。

還有另一項建議：一篇《教育週刊》（*Education Week*）的文章宣稱，2002 到 2008 年「不讓任一孩子落後」（No Child Left Behind）政策中所需的測驗費用要花五十三億美元（Richard, 2003）。如果這五十三億是用在學校圖書館的信託基金，致力於提升貧窮地區學校的圖書品質與圖書館員水準，這筆總金額的孳息可能足以確保全美

國的學童永遠處於印刷品豐足的環境，以及有令人滿意的圖書館可用。（感謝 David Loertscher 提出信託基金的主意。）

另一項永久信託基金的優點是，學校不用再彼此競爭申請微小的補助金額，而且花在寫補助申請書、評量補助成效，以及搜尋補助金的時間都可以省下來，用在更有效益的地方。

大聲朗讀

在北美洲，大聲念書給孩子聽已經非常普遍了，這大部分要歸功於 Jim Trelease 所著的《大聲朗讀手冊》（*Read Aloud Handbook*），這本書已經發行第五版了（2001）。

在家中常有人念書給他聽的孩子，自己看書的時間也比較多（Lomax, 1976; Neuman, 1986, 1995）。Neuman（1995）的研究報告指出，嗜書的父母「在孩子很小時，就會建立固定念書給孩子聽的時間……早在孩子只有六個月大時，便會在午休小憩時和晚上睡覺前說床邊故事」（p. 132）。此外，當教師念書給學童聽，並且和他們討論故事內容〔「文學活動」（literature activities）〕，則學童也會比較愛看書（Morrow & Weinstein, 1982）。Lao 研究的十二位不愛看書的準教師中（Lao, 2003；之前曾經討論過），只有一位在孩提時代有人念書給他聽過；而十位熱愛閱讀的受訪者，幼年時都有人念書給他們聽。

> 在學校或在家中有人念書給他聽的孩子比較喜歡看書，識字力的發展也比較好。

兩項教室中進行的研究證實了，若是教師曾念書給學童聽，則學童比較會自己選書來獨自閱讀（Martinez, Roser, Worthy, Strecker, & Gough, 1997; Brassell,

2003）。

　　研究從小學階段跳至大學階段：Pitts（1986）念書給具備「基本技能」的大學生〔「聰明但是基礎不佳的學生」（p. 37）〕聽，每週一小時，持續十三週。選念的書包括馬克吐溫（Twain）、沙林傑（Salinger）、愛倫坡（Poe）與梭伯（Thurber）等作者，念完後會討論。Pitts 的報告說，比起其他基礎技能課的學生，念書給學生聽的那一班學生，從閱讀實驗室中借出比較多的書，而且期末報告也寫得比較好。

> 有人念書給他聽時，即使是大學生也會變得較愛看書，及讀較好的書。

　　大聲朗讀對增進識字力有多重功效。就像前面說過的，有個間接的效果——聽故事與討論故事內容會增進閱讀興趣，而閱讀會提升識字力。聽故事似乎也直接影響識字力的培養。一些短期的研究發現，孩童即使只聽過幾次含有生字的故事，字彙知識也會有長足的進步（Eller, Pappas & Brown, 1988; Elley, 1989; Leung & Pikulski, 1990; Stahl, Richek & Vandevier, 1991）。

　　在有控制組的研究中，在家中或在學校有人規律念書給他聽的孩子，閱讀測驗和字彙測驗的成績都會比較好（Bus, Van Ijzendoorn, & Pellegrini, 1995; Blok, 1999）。Denton 與 West（2002）近期針對二萬名學童所做的研究指出，在幼稚園畢業時以及國小一年級結束時給孩童做一項閱讀測驗，結果上幼稚園前一星期中至少有人念書給他聽三次的孩童的成績，比那些一星期中聽人念書少於三次的孩童來得好。即使貧窮因素也考慮進去，結果仍然如此。

　　Senechal、LeFebre、Hudson 與 Lawson（1996）的研究成功地證實，父母念故事書給孩子聽對孩子識字力的發展貢獻極大。他們發

現，若是家長在一項關於故事書作者和故事書名的測驗上得分較高，則孩子在另一項字彙測驗的成績也會較好。不論父母的教育程度以及父母本身的閱讀習慣如何，這個結果都成立。

> 幾乎所有孩子都喜歡聽人念故事書。

聽別人大聲念出故事不但很有益處，也是件讓人快樂的事。實徵性的研究證實了一件父母都知道的事：絕大多數的孩子都說喜歡別人念書給他聽（Walker & Kuerbitz, 1979; Mason & Blanton, 1971; Wells, 1985; Senechal et al., 1996）。下面是個具體的實例。Feitelson、Kita 與 Goldstein（1986）的實徵性研究證實了，大聲朗讀對語言發展有正面影響。Feitelson 等人的研究報告中，也描述孩子聽故事的反應。以色列一年級的學童聽人念考菲考系列（Kofiko series）故事書，那是關於一隻猴子的冒險故事。以下是引述自一位教師的觀察紀錄，發生在念書計畫開始執行兩個月後：「11:20 全班都忙著將黑板上的回家作業問題抄下來。11:25 老師提醒學生：『得快一點，因為我們要讀考菲考了。』全班立刻響起贊同的歡呼聲，學生們趕忙將工作完成。有些先做完的學生跑去幫忙速度比較慢的同學。『趕快』和『快點，別浪費時間』的聲音在教室各個角落此起彼落地響起。」（p. 348）

學生除了熱切想聽故事之外，Feitelson 等人的報告中也說，孩子會要求父母買考菲考系列的書：「研究結束時，實驗班級三十一位學生中，有十三位擁有一本或多本屬於自己的考菲考系列故事書；加起來總共是四十五本。另外，有四位學生向親戚、鄰居或公立圖書館借來看。相較之下，其中一個控制組的班級，每三位學生中才有一位的家裡有一本考菲考故事書。另一個控制組班級則是四個家庭中各只有一本，而第五個家庭有兩本。而且這些書都是哥哥姊姊

的，這<u>些受訪的一年級生都還不曾讀過</u>。」（p. 350）

再介紹一個例子說明朗讀故事書的驚人效果。這個例子選取自
Jim Trelease 的《大聲朗讀手冊》（2001）：

賀蕾哈（Hallahan）女士學年中被安排去教六年級的補救教
學學生（remedial students），第一堂課便給學生一個新奇
的震撼——朗讀故事給他們聽。她選擇的書是《紅色羊齒
草的故鄉》。

當賀蕾哈女士開始朗讀時，這群強硬、倨傲、常在街上鬼
混的學生們（大多數為男孩）覺得被侮辱了。他們想知道：
「妳幹嘛念書給我們聽呢？妳覺得我們是小嬰兒嗎？」賀
蕾哈女士解釋說她沒有那個意思，純粹只是想和學生分享
一個她非常喜歡的故事後便繼續朗讀《紅色羊齒草的故
鄉》。每天一上課時，她便接著朗讀一小段故事，然後就
會聽到一堆咕噥抱怨聲。「今天別再念了吧！怎麼從來沒
人要我們聽這些鬼啊？」

後來賀蕾哈女士對我說：「我的心幾乎要涼了。」不過她
仍堅持下去。數週後（這本書一共有二百一十二頁），學
生的口氣開始改變。「你今天要念書給我們聽了，對嗎？」
或是「別忘了念那本書喔！賀蕾哈老師。」

「我知道我們成功了！」賀蕾哈女士說：「當書快要念完
的一個星期五，班上程度最差之一的一個男孩子，放學後
申請了一張圖書館借書證，借了《紅色羊齒草的故鄉》這

本書，還自己讀完了，然後星期一到學校時告訴全班結局
如何。」（p. 26）

 閱讀經驗

　　閱讀行為本身便會提升閱讀的興趣。各種校內自由閱讀研究都
有一個共通的發現，就是參加的學生在課程結束後仍然會持續自由
自主閱讀，這種情形比傳統課程的學生多得多（Pfau, 1967; Pilgreen
& Krashen, 1993）。Greaney 與 Clarke
（1973）告訴我們一個很棒的例子：參
加校內自由閱讀方案八個半月的六年級
男學生，不但在自由閱讀方案進行中的閒暇時較常閱讀，甚至在六
年後仍然比對照組的學生常閱讀。Tse（1996）描述一位美國成年的
ESL 學生喬依絲（Joyce）的情況。她在來美國前從未將閱讀當作休
閒活動，也不曾讀過任何英文書籍。在參加一項廣泛閱讀的課程後，
她對閱讀的態度起了「巨大的改變」，而且直到課程結束以後都持
續閱讀不懈，並且建議先生也參加相同的課程，而不是傳統課程。
Shin（1998）發現，十五位 ESL 中學生在參加完一年的維持靜默閱
讀課程後，對消遣式閱讀的態度改進許多。參加維持靜默閱讀前，
十六位學生中只有三位（23%）會規律享受閱讀，一年後增加到56%
（十六位中有九位）。

　　Cho 與 Krashen（2002）的研究，讓韓國教師閱讀二個小時有趣
易懂的英語兒童讀物，之後這些韓國教師便增加了對閱讀以及提升
閱讀英語讀物成為休閒樂趣的興趣。之前這些老師們的英語讀書會

越讀，會越愛讀。

讀的都是艱深的教學法，裡面充滿了難懂的字詞與文法，許多人從未體驗閱讀外語讀物的樂趣。

全壘打書籍

當我一年級讀加菲貓（Garfield）時，我覺得找到了比電視節目還好看的東西。

Trelease（2001）認為，只要一次美好的閱讀經驗，一本「全壘打書」就可以造就一個嗜書的人。Trelease 借用 Fadiman（1947）的「全壘打」書一詞，這個名詞來自 Fadiman 最早閱讀《完全男孩》（*The Overall Boys*）的經驗。「人生的第一本書、親吻、全壘打永遠是最棒的。」一系列的三個研究證實 Trelease 的想法是對的。

> 有時候一次美好的閱讀經驗便可以讓人從此愛上閱讀。

三個研究都問國小的學童同一個問題：是否有一本書或是某個閱讀經驗讓你喜歡上閱讀？若是記得書名，研究人員也請受訪學生說出來。

從孩子的反應可以得知他們了解問題的內容。大部分孩子只是說出書名，有些則會多加解釋，例如：

「是《貨車男孩》（*The Box Car Children*）讓我開始喜歡閱讀的，因為它是一本好書。」

「《內褲超人》（*Captain Underpants*）！這本書讓我開始

喜歡看書，因為它很有趣，而且充滿冒險。」

「以前我都不愛看書，第一本讓我有興趣的書是《線索》
（*Clue*）。」

「從我得到第一本書《嘰喀嘰喀碰碰》（*Chicka Chicka Boom Boom*）後我開始愛看書。」（Von Sprecken, Kim, & Krashen, 2000, p. 9）

　　參與 Von Sprecken、Kim 與 Krashen（2000）研究的一百二十四位四年級學生中，有 53%至少記得一本全壘打書。Kim 與 Krashen（2000）研究一百零三位來自貧窮家庭的六年級學生，有 75%至少記得一本或一本以上的全壘打書。而 Ujiie 與 Krashen（2002）研究的二百六十六位不同低收入地區的四年級與五年級學生，則有 82%有一本或一本以上的全壘打書。

　　與其他針對最喜愛書籍的研究結果相同（Ivey & Broaddus, 2001），孩童們提到的書籍非常廣泛。Von Sprecken 等人（2000）研究的四年級生有提到《艾尼莫夫》（*Animorphs*）（八位）、各種恐怖小說（十六位，其中十五位提到史坦恩所著的書）、Marvel Comics 出版的漫畫（三位）、《夏綠蒂的網》（*Charlotte's Web*）（二位）、Judy Blume 的書（二位）、「貨車男孩」系列中的一本（二位）、《納尼亞傳奇：獅子、女巫、魔衣櫥》（*The Lion, the Witch and the Wardrobe*）（二位）、Beverly Cleary 的書（四位），以及許許多多其他的書。Kim 與 Krashen（2000）也提到一些其他的書：《別照鏡子》（*Don't Look at the Mirror*）、《克莉絲蒂的好辦法》（*Kristy's Great Idea*）、《記憶受領員》（*The Giver*）、《恐怖塔之夜》（*Night in the Terror Tower*）、《愛心樹》（*The Giving Tree*）、《瘟疫》（*The Plague*）、《局外人》（*The Outsiders*）、《藍海豚之島》、《望鄉》（*Looking for Home*）、《午夜來電》（*Calling All Creeps*）、《小豬會飛》（*Pigs Can Fly*）、《安妮的日記》（*The Diary of Anne Frank*）、《雞皮疙瘩》系列、《馬蒂達》（*Matilda*）、《安妮與老人》（*Annie and the Old One*）與《狗兒快跑》（*Go Dogs Go*）。Ujiie 與 Krashen（2002）研究中發現的全壘打書，包括《恐怖街》（*Fear Street*）、《內褲超人》、《小美人魚》（*The Little Mermaid*）、《石狐狸》（*The Stone Fox*）、《雞皮疙瘩》系列，以及其他許多書籍。

　　Lao（2003）的研究對象提到與一般形成全壘打經驗不同的原因。其中一位受訪者是因 Judy Blume（著名的美國作家）而改變。另一位受訪者珍（Jane）是因為一本雜誌。珍說：「老師總是非常嚴謹，而基礎讀本又是規定要讀的。我一點也不喜歡基礎讀本，也一直很不願去讀它們，

> 學童提到相當多的「全壘打」書。

直到我媽買給我一本叫作《真情告白》（*True Confessions*）的雜誌後才改觀。這本雜誌有個連載小說，是關於一些女孩和她們的男友及母親間發生的衝突，以及生活中發生的事情。我愛看這本雜誌，而且自此以後我就開始喜歡閱讀了。」（p. 16）

　　受訪者提到的書種類廣泛，凸顯了在學校或教室書庫提供多樣的書籍，並且介紹給不同語文需求的學生是非常重要的事，我們永遠也無法預測哪一本書會成為某個孩子的全壘打書。

樹立典範

不論在學校或在家中，孩子越常看到別人在讀書，就會越愛讀書。Morrow（1982）發現，若是維持靜默閱讀時間中，托兒所與幼稚園教師本身是在閱讀，那麼書庫角的使用會增加。

Wheldall 與 Entwhistle（1988）研究八、九歲學童在維持靜默閱讀時間中的行為，發現若是教師有在閱讀，則學生投入閱讀的程度明顯高於教師沒有在閱讀的情況。

Morrow（1983）與 Neuman（1986）研究指出，若是父母喜好閱讀，則孩子閒暇時花在閱讀的時間也較長；父母若是對書籍沒有

> 看到他人在閱讀，孩子也會比較愛閱讀。

興趣，則孩子也比較不常在閒暇時閱讀。雖然父母們可能會用其他方式鼓勵孩子閱讀，不過研究結果指出父母樹立榜樣最重要。

這些研究也暗示了教師應該遵循 McCracken 與 McCracken（1987）的忠告，在自己選擇閱讀（SSR）時確實為了樂趣閱讀。這樣做或許並不容易，因為許多日常文書工作得挪到其他時間去做，不過結果將會讓這些犧牲是值得的。

提供充足的閱讀時間

只要提供閱讀時間就能提升閱讀效果。當然，維持靜默閱讀便是提供閱讀時間，而且我們也已經知道參加維持靜默閱讀方案的孩子，不論是課程中（Pilgreen & Krashen, 1993）或是課程結束後（Gre-

aney & Clarke, 1973），都比沒有參加的
孩子更愛閱讀。而且事證也強烈指出，
學生真的在 SSR 時間中閱讀。

> 有時間閱讀的孩子也比
> 較愛閱讀。

　　Von Sprecken 與 Krashen（1998）在學年中間觀察一所初中的
SSR 課程，發現 90%的學生都在閱讀。教室書庫中的書籍越多（見
前文「製造親近書的機會」）、學生閱讀時教師也同時在閱讀（見
前文「樹立典範」）、學生不需自備圖書，以及教師刻意介紹特定
書籍等情況下，則該班的閱讀情況也越好。十一個觀察班級中的一
個，書籍非常少、沒有可觀察學習的典範、沒有推薦的好書，而且
學生還得自備書籍；不過儘管如此，SSR 時仍有 80%的學生是在閱
讀。

　　Cohen（1999）持續兩週暗中觀察一
百二十位八年級學生在 SSR 中的情況，
發現其中 94%是在閱讀。她注意到學年
剛開始時，學生對 SSR 並不期待，但是
熱情卻在一、二個月後逐漸增加。

> 數週後，大部分孩子都
> 會在 SSR 時閱讀。

　　Herda 與 Ramos（2001）觀察一年級到十二年級參加 SSR 的學
生，63%在 SSR 時間中都積極地在閱讀。若是一年級到五年級則比
例更高，從76%到100%。高年級學生可以選擇自習或閱讀喜歡的
書，大多數學生利用這段時間自習。不過，也有不少學生選擇為了
樂趣閱讀，十二年級是 29%，到九年級是 65%。

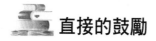 直接的鼓勵

　　這方面的研究仍很缺乏，不過，似乎光只是把閱讀這件事告訴

孩子，就能影響孩子花在閱讀的時間。Morrow（1982）指出，托兒所與幼稚園老師鼓勵孩子多使用書庫角，則孩子真的就照做。Lamme（1976）發現在教師的鼓勵下，小學教室書庫的使用率會增加。Greaney 與 Hegarty（1987）發現，本身「閱讀量非常大」（heavy readers）的五年級生家長中，有 73%會鼓勵孩子讀特定的書籍；平常不閱讀的家長則只有 44%會如此做。Neuman（1986）的研究指出，「父母鼓勵閱讀」與「孩子花在閱讀的時間」兩者之間有很強的關聯性（r ＝.53）。

> 如果選擇的書籍內容有趣又容易理解，那麼直接鼓勵閱讀會非常有效。

相反地，如果選擇的書籍不適當，指定孩子讀哪些書也可能有反效果；若不是無趣，就是看不懂，甚至是既無趣又看不懂。Greaney 與 Hegarty 也指出，許多不愛閱讀的父母建議孩子讀報紙（41%，閱讀量大的父母為 18%）。這種結果的一個解釋是，報紙並不適合五年級生閱讀。

Ben Carson 自身的例子顯示，直接鼓勵閱讀可以激發對閱讀的興趣，並因此培養較佳的識字力。Carson 目前為神經外科醫師，但五年級時卻是個窮學生。當時他母親要他每週從圖書館借兩本書回家，並且一定要在一週結束前向她報告書的內容。Carson 對這件事並不熱中，但也沒有違逆母親。很重要的一點是，Carson 的母親允許他閱讀任何想讀的書。

一開始，Carson 會選擇關於動物、自然與科學的書，顯示出他的興趣。Carson 說，雖然他「各個學科成績都糟透了，五年級的科學成績卻很傲人」（1990, p. 37）。隨著他閱讀的科學書籍增加，他「成為五年級中任何自然科問題的專家」（p. 37）。

Carson 認為，閱讀幫助他理解力與字彙的進步，影響所及，其他學科也跟著進步，他說：「解數學應用題時，我是最厲害的。」（p. 38）就像研究結果指出的一樣，閱讀也讓 Carson 的拼字能力進步：「我整個暑假也持續不輟地閱讀，六年級開學時已經不知不覺學會拼許多字。」（p. 39）

母親一開始鼓勵閱讀的刺激產生了巨大的效果：「我持續不斷閱讀，結果拼字、字彙與理解等能力都提升了，而且上課也變得更有趣。升上七年級時，我已經進步非常多……當時我已經是全班最頂尖的學生了。」（p. 39）顯然，Carson 的母親給他的直接鼓勵恰到好處，因為他借的書

> Ben Carson 的閱讀習慣導致學業表現變好了。

都是自己選的，閱讀所引發的內心喜悅讓他持續閱讀，也就不再需要直接指引閱讀的方向了。

自己選擇想讀的書是很關鍵的因素，Carlsen 與 Sherrill（1988）的一份訪問報告也證實這點：

> 正當我的小學成績越來越進步時，我記得有件事讓我突然不愛閱讀了，那是因為我媽想強迫我讀一些我不喜歡的書，它們不是太難，就是屬於我不喜歡的學科。我姊非常喜歡跟馬有關的故事，而我一點也無法忍受。（p. 138）

沒錯，鼓勵只有在讀到真的喜歡又有能力讀得懂的書時才有效。

Shin（2003）描述了另一件直接鼓勵有效的例子。塔內莎（Tanesha）是一個六年級生，她四年級就開始閱讀了，不過對自己的閱讀能力還不是很有自信。塔內莎參加了一個強調自由閱讀的暑期課

程（Shin, 2001）。Shin發現，塔內莎讀得懂《雞皮疙瘩》系列，便鼓勵她讀完一整本，然後週末時再讀另一本。塔內莎極度懷疑自己是否有能力辦到，不過讀完兩本後，自己也驚訝不已。Shin於是又鼓勵她挑戰在一天內讀完一本《雞皮疙瘩》。儘管不太情願，塔內莎還是接受了挑戰，而且也成功地完成任務。接下來幾週，塔內莎每天讀完一本《雞皮疙瘩》系列的書，然後繼續讀《恐怖街》（*Fear Street*），以及Judy Blume的作品。一個暑假下來共讀了四十本書。

直接鼓勵塔內莎閱讀的條件很好。就像Ben Carson的例子，有足夠的書籍可讀，書的內容很有吸引力，塔內莎也有能力讀懂這些書：她只是欠缺信心而已。

> Ben Carson 與塔內莎都得到恰當的直接鼓勵。

另一種鼓勵直接閱讀的方式是，告訴學生支持自由自主閱讀背後的理論與研究成果。這種方式對年紀較大的學生格外重要，因為以前的學習經驗告訴他們，建立技能與直接教學才是正確學習語文的方式。Lee（1998）的研究便是一個藉由向台灣的 ESL 學生講解理論與研究而成功的例子。

其他因素

其他可能影響孩童閱讀多寡的因素包括：

討論與好書交流：第一章曾經提過，Manning與Manning（1984）指出，若是兩個學生或一個小組的學生一起討論閱讀的內容，則SSR的效果會更好。很有趣的是，他們發現有一組學生每星期都有一小段時間，與老師進行單獨的師生會談，討論「正在讀的書，以及接

下來要讀的書」，結果並沒有什麼作用。

Elley與Mangubhai（1983）的研究的第一年，「分享閱讀經驗」組（第一章中也曾提過）的表現比純粹SSR組要好，不過第二年以後就沒有差別了。記得嗎，「分享閱讀經驗」組是朗讀故事給全班聽，然後全班一起討論，最後以戲劇方式演出來。

這些研究著重在閱讀成績的進步，而非閱讀量的增加，不過結果仍非常發人深思。

同儕壓力：Appleby與Conner（1965）描述一個選修一學期的高中自由閱讀英文課，他們非正式的觀察下發現，學生讀的東西受同儕讀的東西影響很大。有些學生事實上是被迫去讀朋友正在讀的東西，而忽視自身的興趣。Wendelin與Zinck（1983）

> 年輕人選擇讀物受同儕的影響極大。

詢問五年級學生如何選擇所讀的書？69%的學生說，同儕的建議勝於老師的建議。Worthy（1998）研究兩個六年級生後做了以下結論：同儕的建議「可能是自由閱讀最強的動力」。

展示圖書：Morrow（1982）說，好的幼稚園與托兒所老師深知書店老闆做生意的技巧：當書庫角有「吸引人的東西」、海報、布告欄，以及展示與童書有關的事物時，孩子閱讀的興趣會增加。

平裝書：Lowery與Grafft（1965）比較兩組四年級生，其中一組讀精裝版，另一組讀平裝版的同一本書（這些書都是「學生與老師都熟知的書」）。平裝書組的學生對書與閱讀的態度有相當大的進步，而精裝書組則沒什麼變化。其他的研究結果也得到孩子比較喜歡平裝書的結果，包括Ross（1978）、Wendelin與Zinck（1983），Campbell、Griswald與Smith（1988）。此外，有名

> 孩子喜歡平裝書勝於精裝書。

的愛上書本（Hooked on Books）研究（Fader, 1976）也重視平裝書。

　　Jim Trelease 有些有趣的建議教父母如何鼓勵子女閱讀。有次訪問中（Carter, 1988），Trelease 建議使用「3B」法：

> Trelease 的「3B」法：
> * 珍藏書
> * 隨手可得的書架
> * 床頭燈

* 珍藏書（book ownership）：「我一再碰到許多人跟我說他們有某些珍藏的書是絕對不會借人的。」
* 隨手可得的書架（book rack）：Trelease建議將擺了書的書架放在浴室中。
* 床頭燈（bed lamp）：「即使孩子只有三歲，也可以對他說：你已經很大了，可以像爸爸媽媽一樣在床上看書。」

　　除此之外，教師也運用「說話書」（booktalks）（參見例如Duggins, 1976）與邀訪作者（authors' visits）（例如 Reed, 1985）等方法，鼓勵學生閱讀。

輕鬆讀物：漫畫

　　1957 年 11 月的某一天，我站在丘頂小學（Hillcrest Elementary School）一年級老師葛洛西小姐（Miss Grosier）的教室前，試著想出一個很棒的字。葛洛西老師讓全班玩個遊戲，每位同學都得說一個字，如果全班沒有人會拼那個字，就可以得到一分；不過，自己當然得會拼那個字才行。得分最多的人就可以得到大家夢寐以求的金色星星。

「Bouillabaisse，」我終於說出口了。

「你知道那是什麼意思嗎？」葛洛西老師以責備的口吻說。

「那是一種魚湯。」

「你拼不出來吧？」

「我會拼。」

「那過來把它寫出來，」她要求。

我寫出來後，她看了看，並且表示我的確拼對了。

這是我贏得的金色星星中最容易的一個。此時此刻，雖然
有點遲了，我想感謝畫了唐老鴨漫畫的那個人，就是在那
漫畫中我學了 bouillabaisse 這個字。我也要感謝我媽，是她
在我四、五歲時念那本漫畫、
還有許多其他的漫畫書給我聽
的……我在入學前早就從這些
漫畫書裡學會了閱讀。當我的

> Jim Shooter 的小故事可
> 看出閱讀漫畫的力量。

同學不情願地在讀《看小花在跑步》（*See Spot Run*）時，
我讀的是《超人》（*Superman*）。我知道 indestructible 這
個字的意思，也會拼它。要不是 bouillabaisse 事件後我就被
禁止參賽了，不然，我一定又可殘酷地靠它贏得一顆金色
星星。（Shooter, 1986, p. A85）

這篇小故事摘自 1986 年的《街頭漫畫售價指南》（*Overstreet*

Comic Book Price Guide），作者是 Marvel Comic Book 公司的前總編
輯 Jim Shooter。

也許鼓勵孩子閱讀最有效的方式是

> 輕鬆的讀物幾乎幫助所
> 有人開始學習閱讀。

讓他們接觸輕鬆的讀物，就是那種學校
會漠視它們存在的書，那種不論是經濟
上或意識上的理由都不讓孩子看的書。
我懷疑輕鬆的讀物幾乎是所有人開始學習閱讀時讀的東西。

　　這一節中我把焦點放在漫畫。漫畫非常通俗，而且也有一些有
趣的研究是針對閱讀漫畫的。

　　在告訴各位漫畫如何影響閱讀之前，先說說漫畫在美國的歷史，
以及針對大眾關心的問題所做的研究：漫畫的「挑戰性」是否足夠？
看漫畫會不會造成什麼傷害？最後，討論將圍繞在我們的初衷：看
漫畫能否引發更多自由自主閱讀？

漫畫簡史

　　1937 到 1955 年間是美國漫畫的「黃金時期」。這個時期可看
到超人（1938）、蝙蝠俠（1939）、神力女超人（Wonder Woman,
1941），以及阿奇（Archie, 1941）等漫畫角色。當時，九成的小學
生以及五到八成的初中生都看漫畫

> 漫畫書的黃金時期。

（Slover, 1959; Witty & Sizemore, 1954;
Blakely, 1958）。Lyness（1952）估計的
人數較保守，但是仍非常可觀：調查的五年級男生中，69%說每週
至少看四本漫畫書，46%說每週看十本以上的漫畫書。

　　社會大眾顧慮看漫畫對行為可能造成的影響，一部分來自於
Wertham的《誘惑純真的心靈》（*Seduction of the Innocent*）（1954），結

果導致通過漫畫法（Comics Code），該法被一位研究漫畫史的學者稱為「美國史上對媒體最嚴格的審查制度」（Inge, 1985）。此舉也造成美國漫畫業漸走下坡：「漫畫家試著『改變畫風』，開始減少無趣與重複出現的關於幽靈以及滑稽動物的故事。」（Brocka, 1979）

不過，對漫畫書的恐懼是沒有任何根據的。研究結果從未指出，看漫畫書與行為舉止之間有強烈的關聯。Hoult（1949）指出，犯罪的青少年比沒有犯罪的一般青少年看較多漫畫書，以及比較多被歸類為「有害的」或「有問題的」漫畫書。不過不論有沒有犯罪，幾乎所有 Hoult 的研究對象都有看漫畫。Witty（1941）研究四到六年級看最多漫畫書的 10% 學生，以及看最少漫畫書的 10% 學生。結果發現「這兩組學生成績相當，而且老師也認為兩組學生在群體關係的表現上一樣良好」（p. 108）。Lewin（1953，引述自 Witty & Sizemore, 1955）也發表類似的看法。

> 看漫畫書不該為反社會行為背黑鍋。

美國漫畫的「銀色年代」始於 1961 年，由 Marvel Comics 出版的《驚奇四超人》（*Fantastic Four*）揭開序幕。接著，1962 年出版的《蜘蛛人》（*Spider-Man*）大概是美國漫畫史上最劃時代的突破。在史坦李（Stan Lee）的領導下，Marvel Comics 創造了第一位不完美的超級英雄。蜘蛛人面臨著 1940 年代與 1950 年代的超人與蝙蝠俠所無法想像的問題：財務困難、愛情煩惱、缺乏目標，以及自信不足。

許多事證都清楚指出，美國漫畫的「銀色年代」仍然持續著，不過有起有落。1983 年時，漫畫的年銷售額為二億美元〔《洛杉磯前鋒報》（*Los Angeles Herald Examiner*），1987 年 10 月 4 日〕，

1993 年時猛然竄升至八億五千萬美元；1998 年降至三億七千五百萬美元，2000 年再降至二億五千萬美元（Businessweek.com，2002 年 8 月 29 日）。有些學者認為，近年漫畫書銷售額的下降，是因為電腦動畫與電視遊樂器興起（Hartl, 2003），而漫畫書銷售情況略有好轉：2001 年小幅增加至二億六千萬美元。

根據漫畫人物改編的電影預期會拉抬民眾對漫畫、圖文小說（graphic novels）或書本形式的漫畫（book-format comics），以及「內容豐富的長篇漫畫書」（meatier and fuller-length comic books）的興趣（Gorman, 2002）。一位圖書館員就說：「電影確實（讓漫畫）在孩子間風行了起來，特別是青少年，書架上的（漫畫）都被借光了。」（Gorman, 2002, p. 42）Gorman 對圖文小說的觀察可不孤單，2002 年時，美國圖書館協會（American Library Association）曾針對圖文小說舉辦一場研討會前的討論會；而 2003 年的美國圖書博覽會（BookExpo America）則提供一場全天的圖文小說展示，同時特別設了一個「圖文小說展示館」（graphic novel pavilion）。現在《學校圖書館期刊》（*School Library Journal*）都固定有介紹漫畫與圖文小說的專欄（參見例如 Weiner, 2003）。

如同 Marvel Comics 引領漫畫自 1940 年代跨入 1960 年代的重大改變，更細緻、複雜，而且情節經常扣人心弦的圖文小說也開啟了漫畫書的另一扇扉頁。其中兩部「經典」圖文小說為《黑暗武士》（*The Dark Knight*, Miller, 1986）與《守夜者》（*Watchmen*, Moore, 1986）。《黑暗武士》描述上了年紀的蝙蝠俠放棄退休生活，再度

> 圖文小說現在非常流行。

復出打擊犯罪。不過，這次他不再與警方合作，而是獨力維持治安。蝙蝠俠在經歷一連串的冒險後，既疲累、傷痛，

又形成與超人嚴重不合的價值觀。《守夜者》是從西塞羅（Cicero）的名句「誰守護著守夜的人？」（who watches the watchmen?）而來。當然守夜者便是書中的超級英雄。《時代雜誌》（*Time Magazine*）稱之為「最優良的」圖文小說，以及「最顛峰的想像力作」（Cocks, 1988）。

日本漫畫（Manga）是當今流行的一種圖文小說。《出版人週刊》（*Publisher Weekly*）稱日本漫畫為「書店中最熱門的一類書籍」（MacDonald, 2003），「逐漸從一群狂熱崇拜的核心讀者群，轉成一種青少年與年輕成人間的主流現象」。

美國的漫畫書店從 1970 年代中期時的大約一百家，增加到 1987 年時大約有四千家。家數從 1980 年代末期開始有些減少，但仍相當驚人。Duin（2002）調查美國約有三千六百家的漫畫書店，而 Master List（http://www.the-master-list.com）提供美國與加拿大地區二千五百家漫畫書店的訊息。

Williams 與 Boyes（1986）在 1973 到 1975 年間研究加拿大三處英語社區的孩童，80.4%的受訪孩童說有在看、或曾經看過漫畫書。1991 年，McKenna、Kear 與 Ellsworth 使用分層抽樣法研究美國三十八州、九十五個學區的學童，結果發現美國看漫畫的小學生非常多：男生從 69%（一年級）到 75%（六年級）；女生從 50%（六年級）到 60%（一年級）。比例雖然不像漫畫黃金年代時那麼高，但仍然是相當可觀的數字。

Worthy、Moorman 與 Turner（1999）的研究也證實了漫畫書的受歡迎性。他們問德州奧斯丁市的六年級學生喜歡閱讀哪些種類的書籍，結果不論閱讀能力與性別，最喜歡讀的書都是（史坦恩與史蒂芬金所寫的）恐怖故事與漫畫書。

漫畫書與語文發展

漫畫書啟發了我的想像力，也擴充了我的字彙……一般六年級學生知道血清（serum）是什麼嗎？了解刀槍不入（invulnerability）的意思嗎？（Sharon Cho，引述自 Rosenthal, 1995, p. 51）

Wertham 在《誘惑純真的心靈》（1954）一書中說，看漫畫書會干擾學習閱讀和語言發展，並宣稱「嚴重的閱讀困難和大量看漫畫書總是一併發生，漫畫書甭說無法幫助學習閱讀，甚至是導致和強化閱讀混亂失序的原因」（p. 130）。

並沒有證據支持 Wertham 的主張。針對漫畫書內容，以及看漫畫對語文發展與學校表現的研究顯示，漫畫書並沒有害處，甚至有不少事證都指出，漫畫

> 宣稱看漫畫會阻礙閱讀發展並未被事證支持。

書可以導致閱讀更多「有意義的」書。

漫畫的文字

1941 年 R. L. Thorndike 建議應如此看待漫畫：「鑑於大量閱讀和提升字彙是國小高年級生和國中生的需求，這種方式不該被忽略。」（p. 110）

> 一天一本漫畫書＝一年五十萬個字。

目前一本漫畫的字數平均約為二千字（廣告不算在內）。很明顯的：每天看一本漫畫表示一年讀的字數遠超過五

十萬字，大約是中產階級學生平均每年閱讀字數的一半（Anderson, Wilson, & Fielding, 1988）。

　　有幾個關於漫畫書閱讀困難度的研究。Thorndike（1941）使用 Lorge 公式研究後指出，通俗的《超人》與《蝙蝠俠》漫畫書是以五、六年級程度的語文寫的。Wright（1979）套用 Fry 公式來評估更多的漫畫書，發現超級英雄類的漫畫〔例如《超人》、《綠巨人浩克》（*The Incredible Hulk*）〕的研究結果，與 Thorndike 的一致，而其他類的漫畫則更簡單得多，整理如表 2.6。[3]

　　如果閱讀程度的分數有幾分正確，那麼 Thorndike 與 Wright 的分析結果表示，漫畫書的語文難度也不容我們輕視。相較之下，1974年暢銷書的閱讀程度介於六年級到十年級之間，平均分數為 7.4（Schulze, 1976，引述自 Monteith, 1980）。

　　看看下面幾個例子，就可以知道漫畫書中的對白可能複雜到什麼程度。第一個例子選自 Marvel Comics 出版的《驚奇四超人》。這一幕中，大科學家里德李察（Reed Richards）〔又叫作神奇先生（Mr. Fantastic）〕正向他的太太蘇（Sue Richards）〔又稱隱形女（Invisible Woman）〕解釋壞人瘋先生（Psycho-Man）操作的方式：

> 漫畫書中的文字也可能很複雜。

　　親愛的，瘋先生可以使用相當多的科技，不過他通常都只用在某一方面，就是操控情感。他被設計成所做的每件事都會刺激對手的情緒，產生衝突與混亂。（《驚奇四超人》第 283 期，1985，p. 21）

表 2.6　漫畫書的語文程度（1978）

書　　名	閱讀程度（年級）			
	樣本一	樣本二	樣本三	平均
The Amazing Spider-Man #187	7.4	3.0	2.8	4.4
阿奇（Archie）#274	2.0	1.7	1.7	1.8
蝙蝠俠（Batman）#299	7.9	4.0	8.5	6.4
Bugs Bunny #201	2.9	1.9	1.7	2.1
Casper the Friendly Ghost #200	1.9	1.7	1.7	1.8
Chip and Dale #55	2.9	1.9	1.8	2.2
Dennis the Menace #158	2.8	3.0	4.7	3.5
綠巨人浩克（The Incredible Hulk）#74	5.5	9.2	1.9	5.5
太空飛鼠（Mighty Mouse）#53	1.9	3.3	1.9	2.4
Sad Sack #265	2.4	1.9	1.9	2.1
Spidey Super Stories	2.7	1.8	1.9	2.1
Star Hunters #7	6.0	7.3	3.3	5.5
星際大戰（Star Wars）#16	7.5	7.4	3.3	6.1
超人（Superman）#329	7.3	8.3	3.5	6.4
泰山（Tarzan）#18	7.6	4.4	4.5	5.5
Tom and Jerry #311	1.9	2.0	1.8	1.9
神力女超人（Wonder Woman）#245	5.5	5.5	3.5	4.8
Woody Woodpecker #172	2.4	2.4	3.0	3.1
Yogi Bear #7	3.2	3.5	2.4	3.0

資料來源：G. Wright, "The Comic Book: A Forgotten Medium in the Classroom," *Reading Teacher 33* (1979). Reprinted with permission of Gary Wright and the International Reading Association.

The Psycho-Man has a vast technology at his command, darling, but he had traditionally used it to only one end: to manipulate emotions. Everything he does is designed to create conflicting, confusing emotional stimuli for his intended victims. (*The Fantastic Four*, no. 283, 1985, p. 21)

根據 Flesch-Kincaid 公式計算，這段文字的語文程度是 12.0 分，或相當於十二年級。

在 Marvel Comics 出版的《秘密戰爭》（*Secret Wars*）第一期中，幾位超級英雄思考著他們是如何不由自主地被運送到另一個星球：

馬莫上校（Captain Marvel）說：我們是怎麼來到這兒的？我是說前一分鐘我們還在中央公園查看這個叫作什麼來著的東西，結果怎麼「噗」的一下就來到這個像是最後的邊界。

神奇先生（里德李察）說：我可以告訴你，馬莫上校，這個裝置顯然能讓次原子粒子分離，把我們還原成基本物質後暫存，然後以心靈念力將我們移動至預先調整好宇宙坐標的此處，最後在一個能夠產生生命維持系統的環境中將我們重組回來。

綠巨人浩克說：很明顯就是這樣，李察！（《秘密戰爭》第 1 期，p. 2）

Captain Marvel: H-how'd we get here? I mean one minute we're checking out this giant watchmacallit in Central Park, then "poof," the final frontier.

Mr. Fantastic (Reed Richards): This much I can tell you, Captain Marvel—this device apparently caused sub-atomic particle dissociation, reducing us to proto-matter, which it stored until it teleported us here, to pre-set coordinates in space, where it reassembled us inside a self-generated life support environment.

The Incredible Hulk: That's obvious, Richards! (*Secret Wars*, no. 1, p. 2)

　　根據Flesch-Kincaid的公式，神奇先生的解釋是以十二年級程度的語文所寫。要特別提出來說明的是，像 Fry 公式這類的語文程度公式都是從書中隨機取樣。以上選的這些段落文句則不是隨機選的，我選它們是因為它們夠難。因此，它們並非典型的漫畫書中的對白，不過卻也顯示漫畫書讀者偶爾可能讀到的句子。

　　Deborah Glasser 曾對我說，如果老師想為年紀較大的學生找容易引起興趣、字彙卻不多的讀物，那麼《阿奇》會是最佳選擇。《阿奇》講的是高中生的故事，但是根據 Wright 的研究資料，它的文字是二年級的語文程度。除此之外，已經過了六十年，阿奇和他的朋友們仍然還是高中生，想來他們必是教育史上高中讀得最久的一群人。不過，這對學生和老師來說應該是個好消息，因為這表示可以找到相當多的二手《阿奇》漫畫書。

Norton（2003）也肯定《阿奇》漫畫書的價值。他研究三十位九到十二歲學生看漫畫的習慣，所有研究對象都看《阿奇》。他們一致稱讚這部漫畫書，說書中的人物「風趣、有魅力，而且幽默」（p. 142），彼此之間還會「定期」分享與討論《阿奇》（p. 143），形成一個真正的讀書會。不過可預見的，這種方式並不被老師以及其他大人認同。Norton提出了一個有趣的問題：「那些孩提時代喜歡看《阿奇》的人，在長大成人後是何時以及為什麼開始視《阿奇》如敝屣？」（p. 146）

> 《阿奇》是容易引起興趣、字彙卻不多的傑出讀物。

閱讀漫畫的相關研究

有兩個維持靜默閱讀的研究使用漫畫書。Sperzl（1948）針對五年級學童進行為期十五週的研究，結果發現閱讀漫畫與閱讀其他素材的學生，在閱讀理解以及字彙測驗的成績並無分別，兩者進步的幅度都可以讓人接受。或許 Sperzl 研究中最有趣的發現是，學生喜愛看漫畫的程度超乎想像。Sperzl 說：「孩子渴盼閱讀漫畫時間的到來……儘管好像全世界其他的人都對看漫畫書有顧忌，不過一點也不影響這群男孩與女孩。」（p. 111）（類似關於十三歲以下學童對漫畫書的反應，也可參見 Norton, 2003。）

Arlin 與 Roth（1978）比較三年級的學童，一組閱讀「教育類」（例如經典的）漫畫，另一組閱讀「有趣度高」的書，兩組學童的閱讀理解力都進步了。儘管「閱讀能力較差的學生」從閱讀書本中獲得的進步較多，從看漫畫中也得到符合預期的進步，十週內進步了.26 年的程度。

　　從以上兩個研究，可以歸結出看漫畫的效益至少與其他閱讀相當。不過這兩個研究都為期不長（記得第一章中介紹校內自由閱讀的研究時提過，持續的時間要夠長，校內自由閱讀的效果才會較顯著），而且 Arlin 與 Roth 研究的學童讀的是經典漫畫。[4]

　　不少研究都證實長期（從小學低年級開始便持續不斷）看漫畫的人，在閱讀、語言發展與學業成績上都至少與不看漫畫的人相當（Witty, 1941; Heisler, 1947; Blakely, 1958; Swain, 1948; Greaney, 1980; Anderson, Wilson, & Fielding, 1988）。即使孩子只看漫畫，其他的書都不讀，閱讀理解的成績也不會顯著低於平均分數（Greaney, 1980）。

　　完全只讀漫畫書大概可以發展出適當的語文能力與識字力，但是若要發展至高階的能力則不太可能。不過證據顯示，這種情況並不多見。一般來說，長期看漫畫的人同樣也會閱讀許多非漫畫書籍（Witty, 1941; Heisler, 1947; Bailyn, 1959; Swain, 1948），而且許多研究結果也顯示，他們閱讀的書比一般人還多（Blakely, 1958; Ujiie & Krashen, 1996a, 1996b）。

　　表 2.7 顯示其中一個研究結果。Ujiie 與 Krashen（1996a）訪問七年級男生的看漫畫經驗、整體的閱讀經驗、看書的經驗，以及對閱讀的態度。說自己漫畫書看得較多的學生，通常也會說較常為樂趣而閱讀。結果與中產階級家庭的孩子，以及「第一章」中提到的低收入家庭孩童相似。

> 一些研究指出，愛看漫畫書的人和不看漫畫書的人讀得一樣多。另一些研究則指出，愛看漫畫書的人讀得書比較多。

　　閱讀與閱讀態度的研究也得到類似的結果：漫畫看得多，享受閱讀的程度也高。特別有趣的是，雖然中產階級家庭中的男孩一般比較常看書（這無疑與

表 2.7 你多常為了樂趣而閱讀？

第一章	每天	每週	每月／從不
大量看漫畫的人	54%（19）	34%（12）	11%（4）
偶爾看漫畫的人	40%（32）	28%（23）	32%（26）
不看漫畫的人	16%（4）	20%（5）	64%（16）
中產階級			
大量看漫畫的人	65%（17）	27%（7）	8%（2）
偶爾看漫畫的人	35%（31）	35%（31）	30%（27）
不看漫畫的人	33%（8）	17%（4）	50%（12）

資料來源：Ujiie & Krashen (1996a).

他們比較容易取得圖書有關），但是第一章中低收入家庭嗜讀漫畫的孩子所讀的書，比中產家庭偶爾或從不看漫畫書的男孩還來得多。

　　此外，證據顯示閱讀輕鬆的讀物有助於培養較大量的閱讀。它不但可幫助建立閱讀較深讀物的語文能力，也可培養對閱讀的興趣。

> 漫畫可以成為培養大量閱讀的手段。

利用漫畫培養閱讀能力

　　Hayes 與 Ahrens（1988）的研究指出，漫畫書可以幫助培養閱讀能力，使閱讀能力提升至理解高難度的文句。依據他們的研究，會話與電視是無法提升許多字彙能力的。Hayes 與 Ahrens 發現，罕見字出現在日常會話中的機會，遠比出現在最輕鬆易讀的漫畫中要少。日常生活與電視中所用字彙的 95%，幾乎都不超出最常用的五

千字的範圍。印刷的書籍中含有大量的罕見字,因此 Hayes 與 Ahrens 認為,要建立超越基礎字彙的能力有賴「廣泛大量閱讀各種領域的東西」(p. 409)。表 2.8 舉出一些他們的想法,也包括他們使用的三種測量字彙出現頻率方法中的兩種。

漫畫是介於口語會話與專業寫作的精練抽象文字之間,但是較接近口語會話。這點也增強了漫畫有作為提升閱讀能力至更有挑戰性讀物的功能。

許多個案歷史的研究支持此項觀點:輕鬆的讀物是許多(即使不是大多數)孩子學習閱讀以及培養閱讀嗜好的方式。

表 2.8　口語與書寫中出現的常用與罕見字彙

	常用字	罕見字
成人對孩子說話	95.6	9.9
成人間交談(大學程度)	93.9	17.3
黃金時段電視節目:成人	94.0	22.7
童書	92.3	30.9
漫畫書	88.6	53.5
一般書籍	88.4	52.7
通俗雜誌	85.0	65.7
報紙	84.3	68.3
專業寫作的精練抽象文字	70.3	128.2

常用字＝文句占最常用的五千字的比例。
罕見字＝每一千字中所含的罕見字字數(不在常用一萬字中的字)。
資料來源:Hayes & Ahrens (1988).

Haugaard（1973）寫下她的漫畫書經驗：

身為三個孩子的母親，孩子一個比一個野蠻且不愛閱讀，
連要讓他們留在閱讀能力最低的班級都得不斷鼓勵、勸誘、
拐騙、威脅。我真要謝謝漫畫書，即使它們對文化的貢獻
不被認同，但是卻帶領我的孩子成為有文化的人。第一個
讓我家老大自發想讀的東西就是漫畫書。（p. 84）

儘管一開始不樂意，Haugaard 還是買了漫畫書給孩子，因為她
想：

反正希望他讀的東西他都沒興趣，也叫不動他去讀，我就
讓他讀自己想讀的吧。他在漫畫中學到的字也可以用在其
他地方，而且或許能夠因此提升他的閱讀程度。（p. 84）

令人訝異的結果出現了：

他狼吞虎嚥般地讀個不停……
漫畫激勵的閱讀動機實在驚人
到讓人有些害怕。我兒子只要
看到新的漫畫便會露出貪婪熱

> 漫畫書會引發其他的閱
> 讀。

切的目光，一把抓過來開始閱讀，不論是在從超市回家的
車上、在院子中間、在街上行走、還是在飯桌上。他的其
他感官好像全關閉了，只剩下視覺在運作。（p. 85）

　　漫畫書真的引發了其他的閱讀。一、二年後，Haugaard 的大兒子將自己收藏的漫畫全給了弟弟（他對這些漫畫正「愛不釋手」），Haugaard 發現，他現在「更喜歡讀的是 Jules Verne 與 Ray Bradbury 所寫的關於電子與科學百科的書」（p. 85）。

　　Haugaard 的經驗符合本書提到的其他研究。她兒子從漫畫中吸收知識的方式就像 Sperzl 的學生一樣（請見前文「閱讀漫畫有關的研究」），而大兒子喜歡上閱讀其他類的書籍，與之前提到的另一個研究結果一致，就是漫畫書不會取代也不會減少閱讀其他書籍。（要特別指出，這些研究結果顯示，Haugaard 的長子不需要為了閱讀其他書籍而放棄看漫畫。也許他看到了現今風行的圖文小說就不會停止看漫畫了。）

　　Mark Mathabane 在自傳中敘說幼年在南非的時光（Mathabane, 1986），當中提到漫畫對他學習英語以

> 自傳的例子證實看漫畫書的價值。

及養成閱讀興趣功不可沒。當年 Mathabane 幾乎沒有機會接觸英語，直到祖母到 Mathabane 家所住的貧民區以外的一戶說英語的友善人家工作：

　　祖母到史密斯家工作不久後，她開始帶一疊疊的漫畫書回來：《蝙蝠俠與羅賓》（*Batman and Robin*）、《李奇瑞奇》（*Richie Rich*）、《淘氣阿丹》（*Dennis the Menace*）、《美國正義聯盟》（*The Justice League of America*）、《泰山猿人》（*Tarzan of the Apes*）、《福爾摩斯》（*Sherlock Holmes*）、《謎》（*Mysteries*）、《超人》、《綠巨人浩克》、《雷神索爾》（*Thor — God of Thunder*）、《驚奇四

超人》與《蝙蝠俠》。（p. 170）

Mathabane 的反應與 Haugaard 的兒子很像：

生平從未擁有過一本漫畫書，得到這些漫畫後，我不厭倦地一讀再讀其中看得懂的部分。如此狼吞虎嚥般的閱讀就像是麻醉劑般，讓我對困苦的生活環境沒有知覺。很快地，漫畫書成了我生活中歡樂的泉源，不論到何處，總是有一本漫畫書相隨：河邊、足球賽、廁所、睡覺、商店，甚至在學校上課中，老師忙著寫黑板時我也偷偷閱讀。（p. 170）

Mathabane 感謝漫畫將他的英語能力提升到足以閱讀和欣賞他的英文課本：

十一歲半時，祖母開始帶一些看起來奇怪的書和玩具回家。她說那些書是史密斯太太的兒子的課本，和我學校用的課本看起來一點也不像。書名與內容一樣的奇怪：《木偶奇遇記》（Pinnocchio）、《伊索寓言》（Aesop's Fables），以及格林童話。此時，因為看漫畫的緣故，我的英文程度已經進步到可以看懂一些簡單句子。我覺得這些書有趣極了。（p. 170）

漫畫書也幫了南非的主教戴斯蒙杜杜（Desmond Tutu）：

我父親是衛理公會教派小學的校長，就像當年大多數的父

親一樣,非常有威嚴,也非常重視孩子在學校的表現。不過有件事他與一般小學校長不同,就是允許我看漫畫,這讓我非常感激他。我想這就是培養出我喜愛英文和閱讀的原因。(Campbell & Hayes,引述自 Trelease, 2001, p. 134)

Trelease(2001)指出,任何憂心漫畫與青少年犯罪之間有關聯的人,都該想想杜杜主教的例子。

> 「對我這個世代的人來說,漫畫書指引我們到其他類的書籍。」

人類學教授 M. Thomas Inge 曾說,漫畫顯然曾經幫助他,也幫助其他人。「對我這個世代的人來說,漫畫書指引我們到其他類的書籍。」(Inge, 1985, p. 5)Inge 教授顯然沒戒掉看漫畫,他所寫關於漫畫書的論文(Inge, 1985)不但資料豐富,也非常有學術價值。

下面這位作家的經驗也很類似:二年級時,我被分在閱讀能力低段班。我父親鼓勵我看漫畫,結果我很快就進步了。Jim Trelease 告訴我們,他孩提時代的漫畫藏書是他鄰居中最多的(Trelease, 2001, p. 134)。Trelease 基於研究結果和個人經驗所做出的結論是:「如果你有個抗拒閱讀的孩子,就讓他接觸漫畫吧。如果他看起來有點興趣了,就給他更多的漫畫。」(p. 134)

Dorrell 與 Carroll(1981)指出漫畫書如何增進更多閱讀。他們把漫畫書放在國中的圖書館中,但是不准借出圖書館,學生得在館中閱讀。然後,Dorrell 與 Carroll 比較圖書館中有放漫畫書的七十四天,與之前沒有放漫畫書的五十七天,發現圖書館的使用人數遽然增加 82%,非漫畫書的借閱冊數則增加 30%(表 2.9)。

表 2.9　國中圖書館中放置漫畫書的效果

	放置漫畫前	放置漫畫時
平均每日使用圖書館的學生人數	272.61	496.38
平均每日圖書借閱量	77.49	100.99

放置漫畫前＝ 54 天；放置漫畫時＝ 74 天。
使用圖書館的學生人數不包含教師為了上課需要帶進圖書館的學生。
資料來源：Adapted from L. Dorrell and E. Carroll, "Spider-Man at the Library," *School Library Journal 27* (1981).

　　Dorrell 與 Carroll 也指出，在圖書館中擺放漫畫書並沒有引來家長的負面批評；同時，教師、學校行政人員，以及圖書館人員也都支持和鼓勵這個在圖書館中擺放漫畫的構想。

　　現在是學者的 Juan Necochea 肯定漫畫對自己語文發展的貢獻（Cline & Necochea, 2003）。Necochea 八歲時開始就讀美國的小學，當時不會說英語，也從未上過一天學。然而，「九歲，二年級即將結束時……我的學業表現像是開始開竅似的──好像一夜之間，突然從一個看不懂英文的人，變成了一個可以流利閱讀英文的人……我的老師……一定覺得我是個晚開竅的孩子。」（p. 124）

　　Necochea 將自己的成功歸功於更早以前所建立的西班牙語程度，而這又來自兩個原因：一個口語豐富的家庭環境（家中總是充滿了「民間故事、鄉野傳奇、家族歷史故事、悲劇故事、音樂與傳說」）（p.124）以及……漫畫書。Necochea 非常愛看漫畫（他最喜歡的是 *Kalimán, el Hombre Increíble*）。一開始，他出錢請哥哥念給他聽，後來學會自己念給自己聽：「*Kalimán* 和我老哥成了我的閱讀啟蒙老師。」（p. 125）Necochea 說，六歲時他的西班牙文閱讀能力便已經

相當不錯了。

　　這個案例不但證實了漫畫書的力量，也證實第一語言的識字力可以促進培養第二語言的識字力，這個我們在第三章中會再提到。

關於漫畫的小結

漫畫書有許多優點：

- 漫畫有適宜的文字，而且圖像可以幫助理解。[5]
- 研究指出，漫畫對語言學習與學校表現都沒有負面的影響。
- 看漫畫的人的閱讀量與不看漫畫的人相當；最新的研究甚至指出，整體而言，看漫畫的人讀得更多，並且對閱讀也持更正向的態度。
- 個案研究中有許多強而有力的證據指出，看漫畫可以增進閱讀更多其他種類的書籍。

輕鬆讀物：青少年羅曼史

　　另一個可以增進更多閱讀的輕鬆讀物是青少年羅曼史。Parrish（1983）指出，青少年羅曼史有以下特質：

　　寫法上有慣用的公式。主角一定是個十五、六歲的女孩，故事總是由她以第一人稱的方式敘說。故事中也會有一個或多個十七、八歲的男孩。故事發生的地點經常是當代且熟悉的地方，例如小鎮。最愛聚焦在初戀的情節上。

　　戀愛中的喜悅與焦慮、遭遇問題的痛苦與成長，以及幸福

歡樂的結局都是書中標準的元素。不過，這些羅曼史排除了性、褻瀆與墮落等情境，書中的衝突通常來自女主角的感覺——不安全感、不確定感、不受歡迎、不公平待遇、歡樂與痛苦，以及追求獨立的奮鬥歷程等。行動多半由對話中帶出，而人物性格則從角色間浪漫的互動過程，以及所遭遇的問題展現出來。（p. 611）

即使稱不上絕大多數，至少可說為數眾多的 1980 年代國中與高中女生都看過青少年羅曼史。Parrish 與 Atwood（1985）調查二百五十位鳳凰城都會區附近的國中與高中女生，結果當學年中，50%的八年級女生說有看過一到五本的羅曼史，而所有九年級的學生都看過至少五本。「高達12%的十二年級學生在當學年中竟然看了超過三十本。」（p.24）

> 青少年羅曼史是年輕女孩間流行的讀物。

雖然關於青少年羅曼史的研究極少，但研究結果與漫畫的研究極為類似。

青少年羅曼史的語文程度大都在可接受的範圍，一般介於四年級到七年級間。《甜蜜谷的雙胞胎》（*Sweet Valley Twins*）的語文程度相當於四年級。寫給十到十五歲女孩看的《美夢羅曼史》（*Sweet Dream Romances*）則相當於五年級程度。而針對十二歲以上讀者的「甜蜜谷高中」系列是用六年級的語文程度寫成的。Francine Pascal 所寫的「愛情三部曲」——《凱特琳》（*Caitlin*），寫作的語文程度介於五年級到七年級間。比較起來，暢銷作品平均的語文程度約是七年級。

> 語文程度範圍介於四到七年級間。

閱讀青少年羅曼史似乎不會妨礙閱讀其他種類的書籍。Parrish
與Atwood（1985）發現：「閱讀青少年羅曼史小說的學生也閱讀其
他種類的文學作品。」（p. 25）

青少年羅曼史似乎把學生引進了圖書館。根據Parrish與Atwood
的說法，1980年代的八、九年級學生從朋友處、書店以及學校圖書
館取得一樣多的小說。十年級學生則偏愛藥妝雜貨店與學校圖書館。
十二年級學生書的來源管道最多樣化：一半以上來自朋友與圖書館，
37%來自書店與學校圖書館，少數來自家中與藥妝雜貨店。因此，
即使有許多地方可取得青少年羅曼史小說，學校圖書館仍是主要的
管道。

證據顯示，閱讀青少年羅曼史可以提升閱讀興趣。下面這句Par-
rish（1983）引述一位十四歲女生的話，聽起來和 Haugaard 的漫畫
促進閱讀的研究報告很像。「我就是那種討厭閱讀的人，不過當我
媽買了本 Silhouette 的書給我讀後，我便愛不釋手。」（p. 615）

如同人們對漫畫有疑慮，青少年羅曼史的內容也讓人不放心。

> 沒有關於閱讀青少年羅
> 曼史對行為影響的研
> 究。

並沒有研究指出，閱讀青少年羅曼史會
對行為產生影響，不過謹慎的教師與父
母不妨參考Sutton深思熟慮的建議。Sut-
ton（1985）認為，閱讀青少年羅曼史必
須注意一些事情，他覺得當我們認為
「此類平裝版小說不具競爭性」（p. 29），它們實則具有下列特性：

> 人物性格的描述不足，筆觸也欠缺一點優雅（「他們表現
> 得如此有禮與有教養，雙胞胎覺得她們快吐了。」），又
> 不像肥皂劇的未完待續會製造懸疑期待的心情。不過羅曼

史的模式：簡單的架構、虛構與古老的劇情、快速的進展，倒是非常管用。不同卷冊之間的連結相當清楚，讓你非常想知道……潔西卡之後究竟又會發生哪些事。（p. 27）

最近一連串的研究指出，青少年羅曼史或許還有一項重要功能：對於一些學習英文為第二語言的人，羅曼史是易懂有趣的理想讀物。

> 青少年羅曼史對一些學習第二語言的成人有幫助。

Kyung-Sook Cho（Cho & Krashen, 1994, 1995a, 1995b）與一群三十多歲的韓國女性合作，這些女性儘管之前在韓國正式學習英文許多年，來到美國居住也好一段時間了，但是英文進步卻非常有限。Cho 首先建議她們閱讀「甜蜜谷高中」系列，此系列的讀者原是設定在十二歲以上的女生。結果發現太難，她們得花許多力氣查字典。Cho 於是建議改讀主角人物相同，但針對八到十二歲讀者寫的《甜蜜谷的雙胞胎》。結果仍然太難。然後 Cho 又改建議她們閱讀相同人物，但是寫給五到八歲讀者的《甜蜜谷小童》（*Sweet Valley Kids*），結果這些成年讀者都愛上閱讀《甜蜜谷小童》。

Cho 的研究報告指出，這群參加者的字彙顯著進步了（Cho & Krashen, 1994），Cho 也蒐集了一些非正式的資料佐證她們的進步，像是引用她們友人的描述（Cho & Krashen, 1995a）。最令人印象深刻的結果大概是在開始閱讀《甜蜜谷小童》一年後，其中一位之前從未因樂趣而閱讀英文書的參加者，竟然讀完了全套三十四本《甜蜜谷小童》，同時還讀了許多《甜蜜谷的雙胞胎》以及「甜蜜谷高中」系列的書。另外，還開始閱讀 Danielle Steele、Sydney Sheldon，以及其他英文羅曼史作家的書（Cho & Krashen, 1995a）。

輕鬆讀物：雜誌的力量

Rucker（1982）提供了一個強而有力證明雜誌能提升閱讀能力的例子。Rucker 讓國中生填問卷，找出他們有興趣的事物。數個月後，他隨機選出一些學生，提供他們兩本與他們興趣相關的雜誌。一組學生可以免費訂閱一年，另一組學生免費訂閱一年半。學生與家長都不知道他們正在參加一項研究，而且連教師也不知道訂閱雜誌這件事。

> 閱讀雜誌可以增進更多閱讀。

Rucker 的報告說，獲得免費雜誌的學生在標準化閱讀測驗的得分顯著增加（但是強調技巧與拼字的「語文」測驗分數卻沒有）。這個研究結果的可能解釋是，雜誌的內容極有價值，也誘發更多的閱讀。Rucker 指出，雜誌是所有媒體中最「特定興趣讀者取向」，而「可能因此最有效地刺激閱讀」（p. 33）。

 ## 輕鬆讀物就夠了嗎？

推測閱讀的內容會有影響是合理的。儘管閱讀輕鬆的讀物有助益，但是若只閱讀此類讀物，大概對於培養更高的閱讀能力沒有幫助。只有少數研究探討此一層面，而且多半是相關性的研究，也就是說，無法確知閱讀偏好是閱讀能力的因、果，還是兩者皆是？不過這些研究指出，閱讀理解力與字彙的增長和閱讀的內容有關。

> 只讀輕鬆的讀物顯然不夠。

Rice（1986）的研究指出，字彙能力較佳的成人讀較多複雜的材料，例如技術期刊、歷史傳記、文藝雜誌與科學雜誌。Hafner、Palmer 與 Tullos（1986）發現閱讀能力較好（一項閱讀理解測驗成績在前二分之一）的九年級學生較喜歡讀「複雜的小說」（complex fiction）（歷史小說、科幻小說、推理小說、冒險小說、個人成長類與個人內心覺醒類的小說），而閱讀能力較差的學生則偏好「如何動手做」、科學、嗜好，以及藝術、音樂和歷史類書籍。Southgate、Arnold 與 Johnson（1981）發現，七到九歲閱讀能力較佳的孩子較偏愛冒險類書籍，而「好笑的書」則是閱讀能力較低的孩子普遍選讀的對象。

　　Thorndike（1973）曾在十五個國家進行一個大規模的閱讀理解研究，其研究報告指出，與十四歲孩子閱讀理解力最相關的書籍種類依序是：(1)幽默文學；(2)歷史與傳記；(3)科幻小說、神話與傳奇；以及(4)冒險與當前事件。Thorndike 也指出，高中結束時，這個順序略有變動：運動體育、愛情故事及學校故事與閱讀理解力為負相關，歷史與傳記、技術類科學、哲學與宗教則呈現最強的正相關。

　　不同的研究之間有相符的結果：閱讀能力好的學生似乎都偏好科幻與冒險類書籍。不過，不同的研究結果也有衝突之處：Thorndike 的研究指出，閱讀能力好的人喜歡歷史與宗教書籍，但是此類書籍卻是 Hafner、Palmer 與 Tullos 研究中閱讀能力差的學生較喜愛的。（要找出閱讀能力的增長與書籍種類的關係有個顯見的問題，那就是即使是同種類的書籍，難易程度仍然可能差異極大。顯然地，這個領域的研究才正萌芽。）

前面提過，Greaney（1980）曾將一群看漫畫書遠多於一般書的五年級學生稱為「漫畫書主要讀者」，這些孩子的閱讀理解力並不會顯著低於全體的平均值，但是不及被歸為「一般書主要讀者」的學生。

這些研究結果並不是說輕鬆的閱讀該被禁止。如同我之前主張過的，輕鬆的閱讀可以是發展成較深閱讀的階梯：它既能提供閱讀動機，又能培養閱讀較深讀物所需的語文能力。研究證明，廣泛閱讀的人最終都會選擇專家說的「好書」來讀（Schoonover, 1983），而且研究也證實當讀得越多，有興趣閱讀的主題就會擴展開來

> 輕鬆的閱讀是不夠的，不過它們會帶領人通往更深的閱讀。

（LaBrant, 1958）。此外，孩童自己選擇的書通常都高於他們年齡公認的「閱讀水準」（Southgate, Arnold, & Johnson, 1981）。

獎賞有用嗎？

本章所引用的研究結果顯示，閱讀帶來的內心報償大到讓人想不斷地讀下去，根本不需要像是小星星貼紙、獎金、讀書會會員資格等外在的獎賞，或其他獎勵。事實上，Smith（1988）主張獎賞可能有反效果。

> 告訴孩子讀書或寫作的報償將是請他吃一頓、給他一個紀念品、一張笑臉貼紙或加分，那麼孩子所學到的就是從閱讀中獲取利益。每個孩子都知道，任何事情只要是被勉強去做的，不論事情本身的立意有多好，都不值得主動去做。
> （p. 124）

研究結果告訴我們什麼？

沒有一項研究結果支持和建議使用獎賞，而且與 Smith 的想法相同，認為獎賞可能有害處。

McLoyd（1979）讓二年級與三年級的學生在三種情況下閱讀「有趣度高」的書，這三種情況分別為：「高獎賞」、「低獎賞」與「無獎賞」。研究人員應允高獎賞組的孩子，若是他們從六本書中選出最有趣的一本，就可以得到獎品。低獎賞的學生則是要從六本書中選出最無趣的一本，並答應給他們獎品。

研究人員向孩子解釋說，他們必須讀到書中有做記號處，那個記號表示他們已讀了二百五十個字，而研究人員非常想知道他們對書的看法，如此才能獲得獎品。對無獎賞組的孩子解釋時則沒有提到獎品，只是請他們讀到做記號

> 孩子閱讀就給獎賞其實傳遞出閱讀是件不愉快，或是沒有獎品就不值得閱讀的訊息。

處，然後說出對此書的看法。閱讀時間持續約十分鐘。

兩個有獎賞組的學生表現並無統計上的區別，不過卻都明顯有別於無獎賞組。有獎賞組的孩子顯然都只讀到做記號處，以求得到獎品，很少會讀超過二百五十個字。無獎賞組的孩子遠遠讀超過記號處，他們讀的長度超過有獎賞組的兩倍。

孩子顯然非常願意在沒有獎賞的情況下閱讀（「哈利波特」的暢銷就是很好的見證），而且問到如何鼓勵閱讀時，孩子比老師還不會想到用獎賞的方式。

Worthy（2000）詢問四百一十九位中學生與三十五位教師如何增進學生閱讀動機。選擇的學校涵蓋各種種族與社會階層。

學生們被問道：「你的語文科老師該如何做才能讓學生有更多動機去閱讀？」學生須寫下三種建議，最後一共收到五百零九種建議。教師被問道：「你認為增進學生閱讀動機最好的方法是什麼？」並且被要求提供多個建議。兩組人都建議要提供較有趣的書（45%的學生與 35%的教師如此建議），也都同時建議要讓學生有更多選擇機會，以及更多大聲朗讀時間。九位學生建議要有更多時間閱讀，不過沒有一位教師建議這一點。

引起我們興趣的是使用獎勵的方式：「教師與學生對於使用獎勵有截然不同的建議。雖然 29%的教師建議用獎賞與強迫（就是用分數與嘮叨敦促）的方式讓學生閱讀，卻只有 9%學生的意見屬於此類，而且多半顯然是以開玩笑的口吻（例如：讀一頁給十塊錢）。」（p. 448）

Worthy 指出：「雖然許多教師都說到要培養內在閱讀動機，但是超過半數的教師也說，曾經採用外在的激勵方式來增加學生閱讀動機。」（p. 448）

> 當被問到如何能鼓勵閱讀時，學生很少提到使用獎賞的方式。

Ivey 與 Broaddus（2001）也有個類似的研究，他們訪問一千七百六十五位六年級生，哪些事物曾促進他們閱讀的興趣，只有 7%提到外在的獎勵。

Bintz（1993）也發現許多教師相信獎賞的功效。他問教師哪些事情可以增進學生閱讀興趣，教師們覺得學生普遍對閱讀沒有興趣，必須逼使他們去閱讀，而且讓他們覺得自己要「為此負責」。Bintz 的結論是，許多教師沒注意到，這些他們口中「不愛閱讀」的學生，其實在校外卻非常熱中讀自己所選擇的書；這些學生不是抗拒閱讀，只是抗拒讀學校指定的東西。

閱讀管理方案

許多研究試圖找出閱讀管理方案的成效。所謂閱讀管理方案
（reading management programs）的作法是，學生所讀的東西會被考
試，然後根據考試成績給予獎勵。McQuillan（1997）檢視這些方案
有效性的研究結果，結論是沒有證據顯示它們對提升閱讀能力或是
閱讀態度有幫助。我最近也檢視了與這些方案有關的有名研究——
加速的閱讀者（Accelerated Reader, AR）（Krashen, 2003d），以下
總結我的發現。

AR 有四個要件：

1. 提供孩子足夠的書選讀。
2. 學生自己選擇想看的書（加速的閱讀者建議學生每天自由自主閱
   讀一小時）。
3. 學生接受所閱讀的書的文意測驗，並因此得到一些點數。
4. 學生用累積的點數換取獎品（加速的閱讀者的負責團隊說此項特
   徵並非原始設計，而是應學校要求而加的）。

不難想像一個具有要件 1 與要件 2 的方案能夠提高學生的閱讀
能力。如本章討論過的，有充分的證據顯示，只要容易取得易懂、
有趣的書籍，孩子自然會讀更多的書。
第一章中也說過，讀得越多的人也會讀
得越好。現在需要釐清的是，是否要件
3 與要件 4 有任何作用？考試與獎勵有
幫助嗎？要證明此點的研究，應該是比

> 關於 AR 的研究並未提出
> 測驗與獎賞有效的證
> 據。

較 AR 的成效是否比只提供充足書籍與更多閱讀時間來得有效。不
幸地，還沒有人發表過這樣的研究。

關於 AR 的研究

　　大多數關於 AR 效果的研究，是比較參加 AR 的學生與傳統語言課程的學生。傳統的語言課程並不特別鼓勵閱讀，也不會提供更多接觸書籍的機會以及閱讀的時間。多數研究結果顯示，AR學生的測驗成績比對照組學生好，不過，卻沒能說清楚究竟是 AR 的哪些部分造成的。我在Krashen（2003d）中有詳細敘述這些研究的細節。

　　不過，也不是所有這類研究都指出 AR 的成果優於傳統的語文教學。Goodman（1999）的研究指出，經過一個學年，AR學生在一項標準化的閱讀理解測驗成績只不過進步三個月。AR官網上的一個報告（renlearn.com; Report 36）記述在兩個國中班級實行AR 一年的結果。其中一個班級有進步，另一個則無。Mathis（1996）比較一群六年級學生參加 AR 一年的進步情況，並與未參加 AR 之前一年的進步情況相較，兩者並無差別。這也許可以用 AR 進行的時間不夠長，以至於效果還不顯著來解釋（記得嗎？維持靜默閱讀的時間越長，則效果越好）。不過，這個說法卻無法適用於下面的研究結果。

　　Pavonetti、Brimmer與Cipielewski（2003）讓三個學區的七年級學生做書名辨識測驗（Title Recognition Test）。書名辨識測驗是一串與其他閱讀量與閱讀成就測驗高度相關的名單（請參考第一章中的「作者辨識測驗」）。將三個學區的學生一起考慮，則有沒有參加AR 並沒有差別。

　　試圖找出 AR 有效原因的研究只有三個。而這三個研究都一致指出，參加 AR 的學生較常接觸讀得懂的書，而且其中兩個研究中的對照組學生完全沒有休閒閱讀。三項研究的結果並不一致，也不

明確。[6]

關於 AR 的結論

儘管 AR 相當普遍，我們必須說，目前尚無確切證據支持它的效果，沒有實際的事證說明加入測驗與獎賞，會比僅僅提供有趣的好書以及閱讀時間來得有效。

這並不是說，我已經證明 AR 是無效的，我只是說支持的證據尚未出現。雖然 McLoyd 的研究結果指出，獎賞其實對培養閱讀有害，在沒有更進一步的證據前，我們必須對此持保留態度。而我們目前能下的結論是，AR 企圖達成的目標並未被研究證實。讓學生參加 AR 並接受測驗前，更實際的作法是確保學生有充足的高品質且有趣的書可讀，同時有時間與適當的地點來讀這些書。[7]

註

1　這些結果總結如下。所有案例中，貧窮都是顯著的學業成就預測因子。平均每位學生的書籍數與圖書館員數也都是穩定的學業成就預測因子。某些研究中，即使貧窮變項受到控制，這些關係仍然存在；但是另一些研究中，卻是當貧窮未被控制的情況下才存在。

測驗成績預測因子

研究	科羅拉多 II	阿拉斯加	賓州	奧勒岡	德州	印第安那	麻州	愛荷華
	閱讀理解	閱讀理解、語文、數學	閱讀理解	閱讀理解	閱讀理解	識字力、數學	語文、數學、科學	閱讀理解
貧窮	有	有	統計控制	有	有	統計控制	有	有
書籍	有*	無	無	有*	有	有	有	有**
圖書館員	有*	有**	有	有*	有	有	有	有**

* ＝書籍與圖書館員合併為一個因素。

** ＝若無控制貧窮則有區別。

資料來源：科羅拉多 II ＝ Lance, Rodney, & Hamilton-Pennell (2002a)；阿拉斯加＝ Lance, Hamilton-Pennell, Rodney, Petersen, & Sitter (1999)；賓州＝ Lance, Rodney, & Hamilton-Pennell (2002b)；奧勒岡＝ Lance, Rodney, & Hamilton-Pennell (2001)；德州＝ Smith (2001)；印第安那＝ NCES (2000)；麻州＝ Baughman (2000)；愛荷華＝ Rodney, Lance, & Hamilton-Pennell (2002)。

2 其他反過分強調注重音素（phonemic）與自然發音的主張請參見 Krashen（2002, 2003b）、Smith（1994b）。

3 Fry 公式是以隨機選取的三個一百字的樣本為基礎。這些樣本的變異可能很大。例如，表 2.2 中《綠巨人浩克》所選的三個樣本的差異就極大（5.5、9.2、1.9）。Daniel Krashen 曾提醒我，說 9.2 的樣本二可能選自浩克的心腹朋友──布魯斯班納（Bruce Banner）所說的話。班納是個科學家，而他的話反映了他的專業。

4 雖然父母與教師比較容易接受經典漫畫，證據顯示，孩子間不一定非常流行此類漫畫。Wayne（1954）訪問二百九十七位七年級

生，最喜歡哪一類型的漫畫？每位受訪學生要從十五個種類中選出四種。經典漫畫在十五類中排名第九。當學生被問到最喜歡的漫畫為何，但不提供選項時，經典漫畫則從未上榜（此類研究的文獻回顧請參見 Witty & Sizemore, 1954）。Michael Dirda 在他的閱讀自傳中分享他熱愛漫畫的經驗，但是他告訴我們：「我從未真的喜歡那些嚴肅又愛說教的『經典漫畫』……誰會想從書架上取一本《修道院與家庭》（*The Cloister and the Hearth*）的漫畫來看呢？」（Dirda, 2003, p. 56）

5 有些人擔心漫畫書中的圖畫會讓孩子忽略文字，甚至干擾閱讀的學習（Wertham, 1954）。不過，根據語言學習理論，圖畫是有助於學習的，因為對於不熟悉的字或文法結構可以提供線索來了解其意義，換言之，可以讓文字更容易被理解（Krashen, 1985）。就像有位漫畫讀者，一個十三歲以下正在學習第二語言——英語的人所說的：「漫畫有圖畫……彩色圖畫來幫助讀者了解諸如發生了什麼事？如何發生的？以及正如何演變？」（Guofang，引述自 Norton, 2003, p. 143）

但是有些孩子的確略過文字，只看圖畫。Bailyn（1959）發現她研究的五、六年級看漫畫的男生中，有 27% 是「基本上只專注在圖畫上」。Arlin 與 Roth（1978）的維持靜默閱讀研究發現，閱讀能力差的人看漫畫時，比起閱讀能力好的人，容易將注意力放在圖畫上。

為何有些孩子為圖像閱讀者（picture readers）？乍想之下，圖像閱讀的症狀令人不解，因為對大部分的漫畫，圖像本身無法說明故事全貌，而且孩子一般也不會視而不見環境中的文字。以下為一些可能的解釋：

艱澀的文字與引人的圖畫共存。雖然讀者可以容忍文字中含有一些「雜訊」，但是過多不認得的字會削弱努力去理解的企圖（Frebody & Anderson, 1983）。二年級學生可能不會想要試著理解漫畫《X戰警》（*X-Men*）或《對立》（*Negation*）中相當複雜的文字或故事情節，但可能覺得其中的圖畫非常有趣。

對閱讀的錯誤假設。有些讀者也許能讀懂漫畫書中絕大部分的文字，但並不去讀它們。可能是他們對閱讀存有錯誤的假設，使他們不願試著讀其中的文字。或許是因為學校中的「閱讀課」讓他們產生了錯誤的印象，覺得要讀就得讀每一個字。這種假設會引發一連串糟糕的結果：越讀越少，結果根本沒有機會發展出閱讀能力，以及學得更多語言。

以上這些都只是有可能而已。Frank Smith 曾對我說，如果這些是真的，就算禁止看漫畫也禁止不了孩子的圖像閱讀。看更多漫畫，而不是更少，或許為解決之道。漫畫看越多，孩子對漫畫的興趣或許能刺激他試著閱讀。

6 一個研究報告呈現兩個版本：Vollands、Topping 與 Evans（1996）是一篇 ERIC 報告，而 Vollands、Topping 與 Evans（1999）是一篇較短的版本，刊登在《閱讀與寫作季刊》（*The Reading and Writing Quarterly*）。報告中包含兩個獨立的研究，每個研究持續六個月。這兩個研究都說，AR 是與一組從事休閒閱讀的學生比較。

Vollands、Topping 與 Evans：計畫A──如 Krashen（2003d）中討論的，這項研究並未提供清楚的證據支持AR。對照組的孩子必須對他們所讀的東西給「回饋文字」，而 AR 組的學生除了自我選擇閱讀外，還會有人朗讀給他們聽。Jeff McQuillan（私下交談）曾說過，如果將朗讀時間併入 SSR 計算，那麼 AR 組的學生浸淫

在可理解的讀物中的時間為三千二百二十五分鐘，遠比對照組的二千八百五十分鐘來得多。如本章稍早提過的，朗讀對識字力的培養極有貢獻。

結果並不是很明確。AR組在一項閱讀理解測驗，以及一項閱讀正確性測驗的進步較多，但是兩組學生在另一項閱讀理解測驗上卻都退步了，不過，這時是以 AR 組中隨機選取的學生為樣本，只是 AR 組似乎退步得比對照組少就是了。

這項研究並非只是比較 AR 與休閒閱讀。兩組學生都必須為自己所讀的東西負責，而且 AR 組比對照組有更多時間接觸可以理解的讀物。

Vollands 等人：計畫 B——這項研究中，對照組學生也是參加一個獎勵方案（incentive program）。Vollands 等人說：「孩子讀完他們的書後，會將名字寫在一個公開的告示圖上。」（1999, p. 54）此外，對照組學生讀的書也來自挑出的小說，由學生們自己朗讀，而且必須回答問題來測試是否理解。這樣就不是自由自主閱讀了。如果我們只考慮對照組真的屬於自由自主閱讀的部分，那麼，AR學生只比對照組略多一些時間接觸可理解的文字（詳細的討論請參見 Krashen, 2003d）。

這項研究中的 AR 學生要考試，但沒有獎勵。不過考試分數會公開。

結果並不互相吻合。對照組在一項閱讀理解測驗〔愛丁堡（Edinburgh）〕中的進步較多，但是 AR 組在另一項閱讀理解測驗〔尼耳（Neale）〕的進步較多，而對照組在尼耳測驗上幾乎完全沒有進步，實在是令人費解的結果，因為對照組被認為是好的讀者（good readers）。這個不一致的結果可能是因為所有對照組的二

十六位學生，以及幾乎所有 AR 組的學生都參加了愛丁堡測驗，但是只有 AR 組隨機選出的十一位學生，以及對照組隨機選出的十二位學生參加了尼耳測驗。

很難從這項研究中下什麼定論：兩組學生有相似的誘因（被肯定），而結果是混雜的（mixed）。

Facemire（2000）也使用喜愛休閒閱讀的學生為對照組。AR 組的學生為十五位西維吉尼亞高度貧窮地區的三年級學生。九週之後，AR 組學生程度進步五個月，對照組則為進步三個月。這個研究一開始的方向是正確的，不過有一些問題。首先，AR 組的閱讀時間很可能比對照組多。AR 組學生每天「至少」有二十分鐘的 SSR 時間，而對照組則剛剛好二十分鐘。對照組學生可以使用圖書館，而 AR 組每週規律設定八十分鐘。

其次，每組都有一位表現極度異常的學生。AR 組有個學生在九週的時間內進步了 2.3 年的程度，而對照組則有一位表現異常糟的學生，九週研究期間程度退步一年多。如果扣除掉這些異常份子，兩組的表現幾乎一致：AR 組進步四個月，對照組進步三個半月。

7 一項針對日本 EFL 學生的研究（Kitao, Yamamoto, Kitao, & Shimatani, 1990）有一些有趣的統計數字，說明尋常獎勵閱讀的方式不甚管用。他們比較將分級讀物列為必讀，以及讀了以後有加分兩種情況。所有學生都必須繳交讀書報告以獲得分數，一共有二百二十本分級讀物可以選讀。

那些規定必須閱讀的學生只讀了指定的部分：九十三位學生中有九十二人讀了指定閱讀，其中八十七人只讀了一本。二百零七位讀了可加分的學生中，只有六十九位有交讀書報告，其中平均每位學生略多於二篇（2.2）。

為何會有這些悲慘的結果？有幾種可能性：

1. 寫讀書報告讓人不想閱讀。

2. 選的書一點都不有趣：即使學生評這些書為有點有趣（選項為 1 到 6 分，平均為 4.44），「有趣」並非學生閱讀的原因。當問到什們原因促使學生閱讀時，只有五位提到「有趣的書」是首要原因，而且也只有十七位將此列為次要原因。

3. 學生在校外很少有時間閱讀。當不閱讀的學生被問到為何不閱讀時？一百二十八位中的七十位指出，太忙是最主要的原因，而另有三十七位將此列為第二的原因。

我們能下的結論是，讓大學生為了分數，或加分，以及必須寫報告去讀分級讀物，是沒有什麼顯著效果的。

CHAPTER 3

其他議題與結論

閱讀的侷限

即使自由自主地閱讀了大量合宜的文字，也無法完全熟悉一般寫作的習慣。就算是博覽群書的人也會有難以克服的寫作障礙。通常，這些障礙都極微小，而且許多讀者會意識到曾經遇過這些問題。以下是一些例子：

> 即使有了大量的 FVR，
> 識字力程度的落差仍然
> 存在。

拼字惡魔：例如「committment」（或者應該是「commitment」才對呢？），以及「independence」（還是「independance」才對呢？）。

標點怪獸：逗點應該在引號裡面還是外面呢？

文法夢魘：A large group of boys is（還是 are？）expected to arrive tomorrow.

這些錯誤通常不會影響溝通。例如，寫成「independance」不會影響它是「independence」的意思。遵照規則來寫作卻是非常必要的，因為當讀者發現這些錯誤時，會覺得非常擾人，而且可能因此無法將注意力集中在作者想表達的意思。

為何連飽讀群書的人也會有這些困擾呢？是什麼原因造成無法完全熟悉寫作語言的呢？一個可能的解釋是，當閱讀時，並不是所有印在紙上的東西都吸引讀者相同的注意力，也就是說，要充分了解文意並不需要了解印在紙上的所有細節。研究已經證實（Goodman，引述自 Flurkey & Xu, 2003; Smith, 1994b），流利的讀者會對即將閱讀的東西形成假設，這些假設是根據他們已經讀過的東西、他們對世界的認識、對語文的了解，因此閱讀時，只會將注意力集中在驗證假設的部分。例如：大多數讀者都能猜到這句話的最後一個字是什___？閱讀程度不錯的讀者並不需要仔細小心的讀到句末___中的「麼」字也能了解整句的意思，前面的訊息就足以讓他們確認___的位置應該是個「麼」字。

> 好的讀者不會將注意力放在書中所有細節。

因此，閱讀能力夠的人不會將注意力放在書中的所有細節，所以可能會忽略 its/it's 的區別，或是某些字的結尾究竟是 ence 還是 ance。這些小小的困擾，依我之見，是培養流利閱讀能力過程中值得付出的小小代價。[1]

除了上述的原因外，有些研究人員假設，情意的因素（affective factors）也可能讓人忽略語言的某些部分。Dulay 與 Burt（1977；也可參見 Dulay, Burt, & Krashen, 1982）主張，學習語言的人要能進步，必須能對接收到的訊息（input）採取開放的態度，也就是要有個低

度的「情意過濾器」（low "Affective Filter"）。學習語言時，若是過度緊張，或是有防衛心態，或許能夠理解輸入的訊息，但是這些訊息卻到達不了大腦中負責語言學習的部位〔即 Chomsky 所謂的

> 「情意過濾器」會阻止輸入的訊息傳送至「語言學習物件」。

「語言學習物件」（language acquisition device）；請參見 Chomsky, 1965〕。情意過濾器會阻擋這些訊息，並將之排除在外。

Smith（1988）曾指出，當覺得自己具有成為某團體或社團一份子的潛力時，許多學習不費吹灰之力就發生了，而且會非常渴望學習。例如，青少年獨特的穿著方式、彼此間講的黑話，以及特殊行為模式並非刻意學習而來，是從觀察同儕，並決定仿效而來。相似地，Smith 主張，當一個人自覺具有成為「讀寫會」（literacy club）（就是既愛閱讀，又好寫作的一群人）成員的能力時，便會「像個作家般閱讀」（read like writers），

> 當自覺具有成為「讀寫會」成員的能力時，便會大量吸收作家所需具備的知識。

並大量吸收作家所需具備的知識。Smith 的想法與「情意過濾器」的假設有許多不謀而合之處：自認為具有成為「讀寫會」成員的潛力會降低一個人的情意過濾器，使得閱讀時輸入的訊息得以到達語言學習物件區。[2]

如何做才能跨越那些即使大量閱讀，並且加入讀寫會後卻仍然存在的微小障礙？這個問題的確值得關注，因為現今社會對寫作的標準是百分百正確才行。對於原本就是要寫來供人閱讀的作品中，拼字、標點符號以及文

> 直接教學可以彌補一些缺陷。

法的錯誤都是不容許出現的。非正式的電子郵件（e-mail）除外。

直接教學以及使用文法工具書都有一些幫助。不過，這樣刻意地學習語言的效果非常有限，而且也必須小心為之，因為既要書寫出創意，又要顧慮寫作的格式與正確性，實在是件令人沮喪的事。有經驗的作者深諳此點，並且會盡量將「編修」的工作留到初稿要完成時才做，此時他們的想法都已經記錄在紙上了（可參見Sommers, 1980）。因此可以合理猜測，只有比較成熟的學生才能發展出這些大量刻意的知識，所以，將直接教學延後至高中才進行可能是比較有效的作法。

大量自由閱讀以及往成為讀寫會一員邁進，便足以使人熟悉大部分的寫作慣例。讀得夠多，自然會讀到好的文法、正確的拼字與獨特的寫作風格，如此便輕而易舉地吸收了這些精華。

 寫作

寫作值得我留更多篇幅來談，不過，我的目的不是要引一堆文獻來談對寫作的了解，也不是要談寫作能力該如何培養，我只想點出兩個重點：

1.寫作風格並非從寫作經驗中產生的，而是閱讀。
2.寫作能幫助我們解決問題，使我們更聰明。

寫作風格來自閱讀

之前引述的研究結果告訴我們，寫作能力是從閱讀中培養的。更精確的說，從閱讀中，我們學會寫作風格這項獨特的寫作語言。之前已經看過太多的證據：第一章中，參加自由閱讀方案的學生的

寫作能力較佳（例如：Elley & Mangubhai, 1983; Fader, 1976 中引用的 McNeil），以及自稱閱讀較多的人，寫得也較好（例如：Applebee, 1978; Alexander, 1986; Salyer, 1987; Janopoulous, 1986; Kaplan & Palhinda, 1981; Applebee, Langer, Mullis, Jenkins, & Foertsch, 1990）。第一章中也說，Lee 與 Krashen（1996）與 Lee（2001）證實，寫得好與讀得多兩者的相關性在中文也成立。

　　還有其他原因讓我們猜測寫作風格由閱讀而來。第一章中的「語言複雜性論點」也適用在寫作上。「正式」寫作用語和日常生活口語用法的差異大到無法一次只學一個規則。雖然讀者能夠分辨出好的作品，研究人員卻還無法完全成功地描述「好」的寫作風格究竟為什麼好？因此，有理由懷疑寫作風格並不是有意識地學習而得，大部分是「吸收」來的，或者說是由閱讀中潛意識地獲得。

> 正式的語言複雜到無法一次只學一種規則。

　　一般的想法是寫作能力是從實際寫作過程中培養的。閱讀假設則宣稱至少就寫作風格來說，這是錯誤的說法。Smith（1988）告訴我們何以不是從寫作過程中學寫作：

> 我想，「我們如何學寫作」的答案不應該是從寫作中學來，只要想想每個人，即使是最積極寫作的學生，在學校中寫作的次數是如何的少，而且獲得的回饋何等缺乏便很清楚……沒有一個人的寫作經驗多到足以習得作家所需知道的一小部分。（p. 19）

> 寫作不是從寫的過程中學的。

研究結果印證了 Smith 的想法。

實際在學校中提供的寫作機會顯然不很頻繁。下面是一個典型的報告：Applebee、Langer 與 Mullis（1986）問學生在過去六星期中，不論任何學科，一共寫過多少論文或報告，只有18.6%的受訪四年級學生說寫了超過十份，而十一年級學生則只有 7.8%說超過十份。

> 一般學生實際的寫作量非常低。

學生在校外的寫作也不多。Applebee 等人訪問的學生中，十一年級的校外寫作最多，不過僅 17.4%有寫日記習慣，37.3%會寫信給朋友，而 74.8%說每週至少會寫些留言或是簡短的字句。（類似例子請參見 Applebee et al., 1990，以及 Snow, Barnes, Chandler, Goodman, & Hemphill, 1991。）

Rice（1986）所做的研究，讓我們得以粗略比較校外閱讀與寫作的頻率。Rice 調查數組學生的閱讀與寫作行為，我介紹其中的一組（語言能力高的成人組）為代表。這組人平均每週的「總閱讀時數」為 15.1 小時，而寫作只有 2 小時（其中 1.9 小時花在寫些簡短的東西，.1 小時花在寫較長篇幅的東西）。即使假設在極慢的閱讀速度（每分鐘二百字）與極快的寫作速度（每分鐘打六十字）下，人們在閱讀中處理的字數仍遠比寫作中多，比例約為二十五比一。更真實的比例可能是接近一百五十比一。考慮這些事情的複雜度，這樣的數據顯然不支持寫作是獲致語言能力的重要方式這樣的論述。（類似的估計閱讀與寫作的頻率請參見 Evans & Gleadow, 1983。感謝 e-mail 的出現，現在人們寫字的時間可能增加不少。不過就我所知，還沒有人研究過這點。）

> 人們在閱讀中遇到的語文遠比寫作中來得多。

寫得多不代表寫得好

　　另外有些研究也證實，學生不論在校內或是校外都不常寫作：新近發表的 2003 年國家寫作委員會（National Council on Writing）的報告指出，根據 NAEP 的資料，小學生每週只花不到三小時的時間在寫作有關的作業。他們建議學校讓學生花兩倍的時間在寫作作業上，並且堅持「所有年級與所有學科都應該要教寫作」（p. 3）。然而，研究並不支持這個簡單的結論：寫得多並不保證寫得好。

　　儘管一些研究顯示，好的作家寫得比差的作家來得多（請參見 Applebee et al., 1990，以及 Krashen, 1984 的總結），增加學生的寫作量並無法使他們寫得更流暢。以英文為第一語言的相關研究有 Dressel、Schmid 與 Kincaid（1952），Arnold（1964）及 Varble（1990）。Lee 與 Krashen（1997）及 Lee（2001）針對中文為第一語言的研究顯示，寫作頻率與寫作品質之間並無關係。Hunting（1967）敘述一個未發表的學位論文，指出寫作量與作品品質之間沒有

> 多項研究顯示增加寫作的量並不會影響寫作的質。

關係。Lokke 與 Wykoff（1948）的研究是個例外，他們發現每週寫兩篇文章與每週寫一篇文章的大一學生的寫作能力有一點不同。此外，Hillocks（1986）審閱大量論文，其中包括未發表的學位論文，發現強調自由寫作的寫作課並不會明顯優於對照組的寫作課。

　　第二語言的研究有 Burger（1989）與 Mason（2003）。Burger 的研究對象為加拿大渥太華的學生。這些學生修習一門課，透過有主題的課程來學習第二語言——英語（亦即雖是語言課程，但是上課的內容卻是有特定主題的）。她說，多加一門會修改學生文章的寫

作課，對寫作品質沒有影響，也對一般英文能力測驗的結果沒有影響。

Mason（2003）在一項日本成人（大學生）學習EFL的研究中，比較三種補充活動對自由自主閱讀成效的影響，這三種活動分別是以第一語言（日文）寫下簡短的讀後心得、以第二語言（英文）寫下讀後心得，以及以第二語言寫下讀後心得外，同時會被糾正寫作中犯的錯誤。她發現經過三個學期以後，這三組人的寫作正確性的進步並無差異（閱讀成績也是）。此外，額外花的寫作時間顯然對語言學習沒有幫助：以英文寫作的兩組人每週多花兩小時的時間，但是程度並未提升。

> 語言學習從輸入的訊息產生，而不是輸出的訊息；從理解而來，而不是製造。

寫作風格形成自閱讀而不是寫作的假設，也與我們對語言學習的了解一致：語言學習從輸入的訊息產生，而不是輸出的訊息（output）；從理解（comprehension）而來，而不是製造（production）。因此，如果你每天寫一頁東西，你的寫作風格或是駕馭文字的技巧並不會進步。不過，寫作還是會帶來其他益處，我們將在下一小節討論。

就我所知，還沒有一項研究試圖尋找一個人閱讀的東西和他寫作風格之間的關聯。這樣的關聯性必然是存在的，因為不同的風格具有不同的語言特質。Smith（1988）就曾注意到這點，並且提出忠告：「想要寫報紙的新聞報導，必須先讀報紙；只讀教科書上的介紹是不夠的。要想寫雜誌的文章，就得讀雜誌，而不是上一門雜誌寫作課。至於想要寫詩，就去讀詩吧。」（p. 20）

然而，讀任何東西都可能對寫作有幫助，這很可能是真的，至

少一部分是。雖然顯然有各式不同風格的散文，不過彼此之間總有不少相似之處（Biber, 1986），例如，所謂的敘事風格（narrative style）就具有部分正式說明文（formal, expository prose）的特質。讀小說無法讓你成為出色的論文專家，要想寫出出色的論文，你得讀夠多的論文才能掌握論文的風格。不過，讀小說還是能讓你多少了解一些論文的特質。一個有閱讀小說的人，總是能比很少讀書的人，寫出較接近論文格式的論文。而就像整本書一直強調的，即便是輕鬆的讀物也能培養閱讀較深讀物的能力。

寫作究竟有何效用

　　雖然寫作無法幫我們發展寫作風格，它確有其他的益處。就如同Smith（1988）說過的，我們為了兩個理由寫作。首先且最明顯的是，寫作是為了與人溝通。但或許更重要的是，我們是為了自己寫作，為了釐清以及刺激自己的想法而寫作。即便是有作品公諸於世的作家，大部分的寫作仍是為了自己。

　　如同 Elbow（1973）注意到的，腦海中很難同時存在許多想法。當我們把這些想法寫下來，那些模糊與抽象的部分會變得清晰與具體。當想法被呈現在紙上時，我們可以看清它們彼此間的關

> 寫作可以幫助我們想得更徹底，並且解決問題。

係，並且產生更好的想法。寫作，換句話說，會讓人變聰明。

　　有寫日記習慣的讀者一定深知此點——當你遇到問題，你將問題寫下，至少一部分的問題自然就消失了，有時甚至整個問題都不見了。

　　下面就是一個例子，這是一位讀者在 1976 年時寫給 Ann Landers

的一封信：

> 親愛的 Ann：
>
> 我是個二十六歲的女子，我想問妳的問題實在有點蠢，但是──我到底該不該嫁給他呢？我說的是傑瑞，他已經三十歲了，但行為舉止有時候卻像是只有十四歲……
>
> 傑瑞是個銷售員，很會賺錢，可是自從我認識他以來已經掉過三次錢包了，而且我還得幫他繳車子的分期付款。
>
> 我想最令我困擾的是，我覺得他並不信任我。每次約會結束後，他都會打電話給我。他的說法是要「再道一次晚安」，但我確信他是想查探我是否另外和其他人有深夜的約會。
>
> 有天晚上我在洗澡而沒聽到電話響，他竟然就來我住的地方，並且在走廊上坐了一整晚。直到隔天清晨約六點半，我開門拿報紙時，才發現他睡在鞦韆上。我費了好大的勁去說服他相信我整晚都在家裡。
>
> 現在說說他好的一面：傑瑞長得很帥，我很著迷於他的外型。好吧──也就這樣了。我已經坐在這，握筆十五分鐘，努力想著他的其他優點，結果竟再也想不出半點。
>
> 妳不用費心回答我的問題了，妳給我的幫助已經超乎妳的想像了。──放亮眼睛的人。（經 Ann Landers 與 Creators Syndicate 同意後引用。）

Langer 與 Applebee（1987）進行的一系列研究，是說明寫作有助於思考的最佳實證。他們讓高中生研讀一段社會研究的文章後，請一部分學生以分析式的小論文回答一個關於文章內容的問題，其他學生則使用另外的學習方式（例如：記筆記、回答問答題、做摘要、不需寫字的「正常」學習）。然後，以多種方式測驗學生對文章的了解。Langer 與 Applebee 的報告說：「大體上，任何有寫作形式的學習，結果都比只有讀而完全沒有寫作來得好。」（p. 130）他們的第三項研究發現，若是讀的文章內容太淺，則寫小論文對維持較好的記憶並沒有幫助；但是當文章的難度高時，則寫小論文的學生表現得比其他任何一種學習方式來得好。Newell（1984）、Marshall（1987），以及 Newell 與 Winograd（1989）的研究也有類似的結果。

> 研究顯示寫作可以幫助思考。

有時即使只是一點點的寫作也能造成大改變。Ganguli（1989）研究大學數學系的學生，若是每節課都花三分鐘寫下這堂課所教的重要概念，則期末考的成績會遠優於對照組的學生。想知道更多其他支持「寫作使人更聰明」假設的研究，可參見 Applebee（1984）、Boice（1994）與 Krashen（2003a）。[3]

電視效應

看電視對閱讀以及語言其他方面的發展有負面影響，是個普遍的假設。至少有兩個最常用來反對電視的論點。首先，看電視會花掉太多時間，這些時間

> 看電視對閱讀以及語言其他方面的發展有負面影響，是個普遍的假設。事實卻不然。

應該花在閱讀上〔也被稱為「取代論點」（displacement argument）〕。我們將會看到支持此論點的證據並不明顯。

　　第二個反對電視的論點是，電視節目無法提供刺激語言發展的訊息。研究結果支持此論點為真：電視中的語言遠不若書本中的語言複雜。然而，適度地看電視似乎無害。研究結果指出，除非看過多的電視，否則看電視對識字力測驗與學校表現並沒有顯著的影響。

看較多電視會減少閱讀嗎？

　　看電視會排擠閱讀時間是個普遍的觀點，但是支持此觀點的案例卻很少。一些Carlsen與Sherrill（1988）研究的大學生歸咎電視使他們不能好好閱讀，而下面這個學生的例子則說是電視減低了他的閱讀興趣：「一直到五年級時我都非常熱愛閱讀。然後這個獨眼怪獸，也就是電視，進了我家客廳……最糟的就是，電視取代了我的故事書。」（p. 138）

　　一些實證研究證實這個觀察：Medrich、Roizen、Rubin與Buckley（1982）在一項針對六年級生的研究中指出，平常看大量電視的學生，與看電視量為中度的學生相比，較沒有規律的休閒閱讀習慣；中度看電視量的學生又比少看電視的學生閱讀得少。看電視的量也與家庭社經地位有關，收入較低家庭的孩子，看電視的時間明顯比較長（Comstock & Paik, 1991 有關於此方面的文獻回顧）。如同我們已經知道的，低收入家庭的孩子很難取得書本。因此，電視與閱讀之間的關聯也許是假的，二者的關聯是貧窮家庭看電視時間長，並且無書可讀。有沒有書讀，而非看比較多電視，可能才是造成孩子不閱讀的原因。如此解釋與其他說電視與閱讀之間無關的研究結果相互一致。以下將介紹這些研究。

當電視還是新鮮玩意兒時，它可能取代閱讀，這只有在環境中剛開始有電視（Brown, Cramond, & Wilde, 1974），而且看電視的人年紀很小時才有影響（Burton, Calonico, & McSeveney, 1979 研究的為學齡前兒童；Gadberry, 1980 研究的為六歲孩童）。有些很早的研究是美國剛開始有電視的年代做的，結果也顯示看電視的人比較少閱讀（Coffin, 1948; Maccoby, 1951）。1965 到 1966 年間針對十四個國家進行的調查（Robinson, 1972），也指出相同的結論。

> 當電視還是新鮮玩意兒時，它可能取代閱讀；當電視很普遍時，這種情況便不會發生。

　　當電視越普及時，看電視的人和不看電視的人，二者的閱讀量已無分軒輊（Himmelweit, Oppenheim, & Vince, 1958）。隨後在美國進行的研究也指出，看電視與閱讀之間沒有關聯（Schramm, Lyle, & Parker, 1961; Robinson, 1980; Zuckerman, Singer, & Singer, 1980；但是 McEvoy & Vincent, 1980 的研究說，閱讀量低與閱讀量大的人，看電視的量沒有差別，但是不閱讀的人則看較多的電視）。Robinson 與 Godbey（1997）的研究指出，美國人在 1965 到 1985 年間，花在看電視的時間增長，花在閱讀書籍、雜誌的時間也略微增加，不過看報紙的時間卻減少了。[4]

　　在一項針對三個家庭進行的質性研究中，Neuman（1995）的結論是，當「故事時間」是一項「規律的家庭活動」（a structured family activity），總是在固定時間進行時，看電視幾乎無法取代孩子閱讀故事書（p. 168）。她說，之所以會看電視，往往是「因為沒有其他可能更有趣的活動可做」，因此電視成了預設的活動（default activity）（p. 170）。

一些研究指出，事實上電視可以增進閱讀：將書本化為電視劇會增加這本書被閱讀的機會（Himmelweit, Oppenheim, & Vince, 1958; Busch, 1978; Wendelin & Zinck, 1983; Campbell, Griswald, & Smith, 1988）。出版業研究群（Book Industry Study Group, 1984，引述自 Neuman, 1995, p. 103）的報告指出，他們研究的學童中，不超過 4% 的人說，曾因為在電視上聽到或看到一本書而去把書找來讀。可能電視並不增長閱讀，而是「對已經有閱讀習慣的觀眾，改變他們的閱讀選擇」（redirects the existing reading choice of an audience）（Beentjes & Van der Voort, 1988, p. 392）。

也有人主張，電視之所以會抑制閱讀或其他識字力活動，是因為電視劇中的人物鮮少在閱讀或寫作，或是舉止看起來像是有讀書、會寫作的樣子。如同 Postman（1983）曾經指出：

> 很明顯的，電視上出現的成年人大多數被描寫成缺乏識字力，不只是他們表現出對從閱讀中學習的一無所知，也無絲毫跡象顯示出他們的大腦有思考的能力。（p. 12）

電視語言

| 電視不提供高素質的語言資訊。 |

本節一開始提到的第二種對電視的指控有一些證據基礎：電視不提供高素質的語言資訊。

Fasick（1973）的報告指出，童書使用的字句顯然比兒童電視節目使用的複雜。例如，書中 64% 的句子（五本建議朗讀給學齡前兒童聽的童書）是「複雜」的，而相較之

下，兒童電視節目〔「袋鼠船長」（Captain Kangaroo），與另外兩部卡通〕則只有 34%。而且，書中的複雜句子含有較多附屬子句。換言之，書中的

> 童書的字句遠比兒童電視節目的複雜。

複雜句子較難。Fasick 的結論是，電視語言的複雜度只相當於平均五年級學生的說話程度。

　　Liberman（1979）分析 1970 年代流行的電視節目，他對句子複雜度的分析結果與 Fasick 相似。此外，Liberman 也指出，電視中出現的語言量也很低。八

> 電視中的語文量相當低。

個分析的節目中，使用最多字的是 M.A.S.H.，一共用了三千三百九十五個字，而且只有九百個字是不同的。

　　Liberman 的結論是：「電視節目的詞彙量很可能不超過五千字。」（1979, p. 604）想想一個一年級學生所知的字彙量，估計就有五千五百到三萬二千個字（Smith, 1941），這樣的結果還真可悲。Hayes 與 Ahrens（1988）的研究支持 Liberman 的結論。這項研究曾在第二章中提過，記得嗎，他們發現電視語言與日常交談（不論是大人與大人之間，或大人與孩子之間）所使用的字彙都非常相似。這三者使用字彙的 95%都不超出最常用的五千個英文字。而書本，包括漫畫書、童書與雜誌，卻都會出現許多不常用的字。

　　電視節目對小小孩開始學語言的階段或許有些價值（Rice & Haight, 1986），不過，不論就語言的複雜度或語文的量，都無法與閱讀相比。

電視與語言發展

電視對有關學業各方面的表現已經被充分研究過了，包括：閱讀理解、字彙、拼字和語文。也有一些仔細回顧此類研究的文章（Williams, Haertel, Haertel, & Walberg, 1982; Beentjes & Van der Voort, 1988; Comstock & Paik, 1991; Neuman, 1995；亦可參見 Neuman, 1988 以及 Foertsch, 1992 所做的研究），它們都有類似的結論：

> 只有看過多電視時才有負面影響。

- 電視的整體影響是負面但輕微的。事實上，並不容易測量。不論評量何種學業表現，看較多電視只是讓閱讀理解、字彙，以及其他與學校有關的成績稍微退步。

- 有些研究發現，適度的看電視其實還會增加（一點點）測驗成績，也就是電視看得多一些，學校有關考試反而考得好一些。這個關係最多適用到每天看電視二小時。一旦超過這個門檻，關係就變成負面的：電視看得越多，學校表現越差。若是每天看電視超過四小時，這個電視的負面影響就非常明顯（例子請參見Neuman, 1988, 1995）。有趣的是，對於學習英文為第二語言的孩子，電視看越多，反而有助於培養識字力（Blosser, 1988）。這個關係對初學者又不適用，因為他們可能完全看不懂外語電視節目。

- 一些證據指出，電視對較大的孩子（Neuman, 1988 的研究為針對高中生）以及社經地位較高家庭的孩子（Beentjes & Van der Voort, 1988）有較多負面影響，但是仍然有限。此外，如你可能猜想的，研究也顯示電視的影響與孩子所看的節目內

容有關。較低的成績與娛樂型態與冒險節目有關（Neuman, 1988）。[5]

然而，一般而言，收看哪類電視節目與閱讀測驗成績之間只是中度相關（Degrotsky, 1981; Potter, 1987）。Potter（1987）報告中唯一足夠的關聯是，看肥皂劇與科學知識之間為負相關。不過，Jönsson（1986）的研究指出，若是學齡前兒童的家長「幫助孩子消化與理解劇情，並且持續監控孩子看電視的情況」（p. 32），則之後孩子在學校的表現較佳。而五年級學生若是看較多的紀錄片（documentaries），則六年級時的表現較佳。

電視：總結

許多電視上呈現的東西也許都不是很有價值，不過，電視顯然不是導致「識字力危機」的元凶。雖然許多電視節目的語言程度叫人不敢恭維，但也沒有明確證據說是電視取代了閱讀；也僅只有一個微弱的關聯存在看電視與學校表現之間。事實上，看一點電視似乎比完全不看來得

> 電視並非導致「識字力危機」的兇手，真正的兇手是缺乏讀物。

好，而且看電視對學習第二種語言可能是有幫助的。只有當看電視過量時，負面的影響才變得明顯，也就是 Trelease（2001）所謂的「看太多」（over-viewing）電視。

稍微換個方式說，那些在語文與識字力測驗表現得好的人，都是比一般人閱讀得多，但看電視只是略少而已。顯然地，並非電視的存在使孩子不去閱讀；更可能是因為缺乏有趣的書，孩子才不閱讀。Corteen 與 Williams（1986）贊成下面的說法：與其他研究結果相符，他們發現看電視的量與閱讀成績之間為負相關，但是這個關

係的有效尺度卻太小，因此他們的結論是：「缺乏實際閱讀的機會，就我們的想法，是比電視的影響還重要。」（p. 71）[6]

最後的一些資料也證實了這番結論。Neuman（1995）比較極愛看書與極愛看電視（heavy TV watcher）、極愛看書與偶爾看電視（light TV watcher）、偶爾看書（light reader）與極愛看電視等三組孩子對書本的選擇。前兩組的孩子選擇相同品質的書（依據一個衡量腦力挑戰性、複雜度，以及想法豐富度的標準），而且兩組極愛看書的孩子選擇的書的品質，都比偶爾看書的孩子來得高。看電視並不會取代閱讀，也不會因此選擇品質較低的書。

第二語言的學習者

當第二語言的學習者因樂趣而閱讀時，他們的能力便從初階的「一般會話」進階到更高層次，能使用第二語言從事更多不同目的的工作，例如學習文學、商業、諸如此類。如同本書稍早曾提過的許多研究結果所顯示，當第二語言學習者因樂趣而閱讀時，他們不需上課、不需老師、不需學習，甚至不需與人會話，也能持續讓外語能力進步（例如：第二章提到的 Cho 的甜蜜谷研究）。

> 為了樂趣閱讀可以使第二語言學習者不必進教室也能進步。

也有非常有力的理由，鼓勵第二語言學習者在休閒時，閱讀第一語言書籍，如此可以在早期階段加速第二語言閱讀能力的培養。

首先，如果「從閱讀中學習閱讀」是正確的（Goodman, 1982; Smith, 1994b），那麼很明顯地，從閱讀熟悉的語言中學習是比較容易的事。因此，從閱讀第一語言中學習會比較容易。一旦培養了閱

> 學習以第一語言閱讀是培養以第二語言閱讀的捷徑。

讀能力，許多證據顯示，即使寫作方式不同，這種能力還是會移轉至第二語言（Cummins, 1981）。也有許多相關性的證據，以及個案的故事支持這項假設（Krashen, 2003c）。

其次，如同第一章中曾討論過的，閱讀提供知識，關於世界的知識以及關於特定主題的知識。從第一語言中學得的知識，可以幫助以第二語言閱讀時更容易理解所讀的東西。

第三，猜測因樂趣而閱讀的習慣可以轉移到閱讀不同語言的材料是有道理的。一個喜愛以第一語言閱讀的人，也會喜愛以第二語言閱讀（Camiciottoli, 2001）。

支持的證據來自於以第一語言培養識字力與教學科內容（subject content material）的雙語學程。研究顯示，這類雙語學程教英語的效果，比起整天都是全英語的學程毫不遜色，甚至更好（參考文獻請參見 Willig, 1985; Greene, 1997。Oller & Eilers, 2002 有新近最完整的研究）。

休閒閱讀也對想要繼續培養第一語言或母語（"heritage" language, HL）能力的人有非常大的幫助。與一般人的想法不同，當住到國外時，要繼續培養第一語言的能力極其不易。最明顯的障礙就是缺乏輸入第一語言的資訊。如果只有在家中使用母語，當然能夠培養的能力也就有限。其他的障礙較不顯著，但很有力：有證據顯示，一些說母語的人會經歷一段抗拒或逃避母語文化的階段（Tse, 1998），

而可能因此避免使用母語。這些處於「種族矛盾／逃避」（ethnic ambivalence/evasion）階段的人，不論是否能夠取得第一語言的資訊，母語能力都不會進步。最後，一些母語說得不太好的人會說，他們試著說母語時，會被母語說得好的人糾正，甚至揶揄取笑，以至於不想再說母語（Gupta & Yeok, 1995; Krashen, 1998b）。

這些缺乏接受母語資訊或是被嘲笑母語能力的人，解決困難的方法中，很重要的一部分是能夠提供母語資訊，而且要適合害羞個性的人：那便是休閒閱讀。數個研究證實休閒閱讀對培養母語能力有幫助。Tse（2001）說，那些能夠「克服萬難」，並且可以維持超水準母語能力的人，都是可以取得母語閱讀材料，而且幾乎都培養了為樂趣而閱讀母語書籍的興趣。Cho 與 Krashen（2000）發現，有四個獨立因子可以預測第二代韓國僑民說韓語的能力：父母使用韓語、到韓國旅行、看電視，以及休閒閱讀。McQuillan（1998b）說，大學中開給母語為西班牙語的學生的西班牙文課，若是課程強調愉快閱讀，以及討論有興趣的文章內容，會使學生更熱愛閱讀西班牙文，也使字彙增加更多。

我們很容易論斷第一語言的休閒閱讀非常有幫助，但是實行上卻有很大的困難：不易取得書籍。美國有一群廣大的說西班牙語的孩子，他們的英語能力有限。如第二章中說過的，這些孩子不論在家中（Ramirez et al., 1991）或是在學校（Pucci, 1994），都很少有機會取得西班牙文的書籍。[7]

> 能取得的第一語言或母語的書籍很少。

結論

　　我的結論很簡單。當孩子因樂趣而閱讀，當他們「上了書本的鉤」（hooked on books），便不自主地、不費力地學會所有大家關心的語文能力：他們會培養出適當的閱讀能力、學得大量字彙、發展出理解力、使用複雜的文法結構、建立好的寫作風格，同時有不錯的（但未必是完美的）拼字能力。雖然只有自主閱讀是無法保證達到最高階的識字力，但是至少確定能達成可接受的水準，也可以提供處理吃重文字工作所需的能力。[8] 沒有自主閱讀，我懷疑孩子根本就沒有機會。

> 有閱讀的孩子至少能建立可接受的識字力。沒有閱讀的習慣，孩子根本沒有機會。

　　閱讀時，我們根本無從選擇──就是必須培養識字力。很少看到讀得好的人會在文法、拼字等方面有嚴重問題。他們也寫得不錯，因為根本無法控制，他們已經在不知不覺中培養出好的寫作風格，以及知道幾乎所有的寫作規範。

> 讀得好的人也寫得好，因為他們已在不知不覺中學到好的寫作風格。

　　然而，我並非在提倡一個只有自由閱讀的語文課。我也認為，教師、圖書館員與父母指定或建議閱讀的東西有其價值。就我的觀點，語文課基本上是文學課（literature）。指定閱讀與自由閱讀是相輔相成的：從文學中，學生得以增長智能，並且接觸更廣泛的書籍，也因此可以刺激

> FVR 並不能取代語言課程。FVR 應與語文課程搭配。

更多的自由閱讀。事實上，一種讓我們衡量一個文學課程是否成功的方式，就是它是否造就更多自由閱讀。話又說回來，自由閱讀可以協助建立語文能力與增長智能，如此也使文學內涵更容易理解，也更有意義。

我們語文教育的問題，如同 Frank Smith 曾經指出的，在於我們搞不清因果關係。我們一直假設必須先熟習語文的「技能」，然後才能將這些技能應用到閱讀與寫作。但這並不是人類大腦運作的方式。正確的方式應該是

> 我們一直弄混了因與果。

為了有意義的東西閱讀，為了閱讀與我們有關的東西，才是語文識字力發展的原因。

即使這個觀點只有部分正確，它也都意指，我們需要為孩子創造一個閱讀物豐富的環境，不論在校內還是校外。也意味著要讓教師確信，營造這樣的環境會讓他們的工作更容易，而不是更困難，並且將會得到更令人滿意的成果。

學校的行政當局必須知道當教師朗讀給學生聽時，當教師在維持靜默閱讀時段中顯得放鬆時，他們是在執行工作。行政當局必須知道，營造一個出版品豐富的環境並非奢侈浪費，而是必需。（行政當局要是知道營造一個出版品豐富的

> 讓考試成績更上層樓的最好方法就是閱讀。

環境不一定要花大錢，應該可以鬆一口氣：只要省幾部電腦的錢，就可以顯著改善學校的圖書館。）行政當局應該也很樂意知道，提供一個出版品豐富的環境，可以讓教師的一天過得更輕鬆也更有績效，學生的閱讀與語文能力會提升，在日常生活與標準測驗中的表現都會更好。

父母需要知道,念書給孩子聽、讓孩子看到父母為了樂趣而閱讀,以及從看漫畫、圖文小說、雜誌與書籍中,孩子所能獲得的益處,遠比讓他們寫特價時從當地藥局買回的練習簿高太多。

最後,閱讀會帶來樂趣是毫無疑問的。如同我們已經看到的,研究報告中充滿了孩童從自由閱讀中獲得的快樂(請見第一章「閱讀的樂趣」一節),以及伴隨指定閱讀和作業簿練習產生的無趣感。也許任何事只要快樂就好的說法並不正確,最有效培養識字力的方式卻正好是最快樂的方式。

註

1 Smith-Goodman 關於閱讀過程是確認假設的觀點已經受到挑戰。對於一些批判的反應請參見 Krashen(1999)。

2 Smith 的假設可以解釋,何以即使大量閱讀了特定寫作風格的作品,有些人仍無法以此類寫作風格寫出讓人接受的東西。我也閱讀過相當廣泛的作品,可是似乎只有寫學術文章(或至少也是改良過的學術文章)才有信心,這也顯示了我是屬於哪一個社群的人(曾有人告訴我,我寫的信讀起來也像是學術期刊的文章)。相反地,Smith的假設也解釋了,為何只讀了欣賞的作者的適量作品,卻能影響我們的寫作風格。

3 Robert Boice 的研究強而有力地證明寫作會幫助思考。Boice(1993)的結論是,比起「自發的」(spontaneous)寫作(當自己覺得「想寫」時才動筆),規律地設定好寫作時間可以激發更多的寫作,以及產生更多創意想法。Boice要求大學生以幾種不同方式寫作:數週內完全不寫任何東西(控制組)、只有在想寫時

才寫、每天在固定的時間規律地寫。研究者要求受試者記錄寫下的頁數,以及提出的創意想法。每天規律寫作的那組所寫的頁數約為自發寫作組的兩倍,提出的新點子也大約是兩倍。控制組記錄的新點子最少。Boice 在他的數本著作中,都建議每天有規律地、適當量地寫作(特別參考 Boice, 1994)。我完全不懷疑它的效能。若不是遵照 Boice 的建議,我是不可能完成這本書的。

4 有一些證據支持這個假說:孩子看電視的內容與他們的閱讀量有關。Zuckerman、Singer 與 Singer(1980)的研究結果與其他研究吻合,他們發現花在看電視的時間與花在閱讀的時間,兩者整體上並不相關。但是,他們也發現,看較多「幻想暴力」類電視節目的孩子看書的時間較少。Schramm、Lyle 與 Parker(1961)的研究報告也說,看電視與看書之間沒有關係,但是發現電視看得多的孩子較少看漫畫(類似研究結果請參見 Murray & Kippax, 1978;不過 Williams & Boyes, 1986 發現,看電視與看漫畫之間有輕度的正相關)。

5 這點與顯示孩子看較多「暴力幻想」類電視節目則較少閱讀的研究一致,如註 4 所述。Cleary(1939)發現,1930 年代收音機的影響與今日電視的影響非常相似,並做出以下結論:整體而言,「聽收音機並不會嚴重地限制閱讀的質與量」(p. 126)。雖然每天花長時間(超過三小時)聽收音機的人看的書較少(但是看較多報紙與雜誌),但是極少聽收音機的人對閱讀更沒有興趣。Cleary 也指出,每星期看三部以上電影的極愛看電影的人(占她樣本人數的 5%)讀的書比較多,讀高水準的書也比較多。

6 與一般人的認知不同,使用電腦與閱讀為輕度正相關。Robinson 與 Godbey(1997)的研究指出,成人使用電腦的時間長短與閱讀

時間的長短，兩者間小幅正相關。即使研究人員控制住社會階級的變項，關係仍然存在。控制社會階級變項很重要，因為社會階層高的人較可能擁有電腦，也較可能讀較多書。更讓人有興趣的發現是，即使使用電腦從事不同的工作，這個關係仍存在。用電腦的時間不論是花在使用文書處理器、財務軟體或是電腦遊戲（！），都與花在閱讀的時間成正比。花在用電腦的時間與花在看電視的時間略成反比，不過關係也是很小。蓋洛普（Gallup, 2002）最近所做的一項調查也證實，使用電腦並不會排擠閱讀時間：經常使用電腦的人花在閱讀的時間，與不用電腦的人一樣多。

7 Pucci 與 Ulanoff（1996）訪問三十二位學校圖書館員：54%的受訪者說，以西班牙文寫的書很難取得，而 70%的受訪者說它們「定價過高」。一個核准的學校圖書館採購書單中，五千本書中只有三百本是西班牙文書籍。Pucci 與 Ulanoff 指出：「即使這些書籍針對的閱讀年齡都適當，一個孩子若是每週讀兩本書，那麼在升上四年級以前就可以把這些西班牙文書都讀完了。」（p. 114）

8 如同第二章中註 6 曾提過的，各種風格間顯然有極大差異，不過也有重合之處：閱讀任何一種風格類型的作品，都會幫助理解另一種風格類型的寫作手法。一個即將要上九年級世界歷史的學生，若是讀過一百本甜蜜谷高中系列的小說，一定比完全沒有休閒閱讀習慣的同學更容易讀懂歷史課本的文章。而一位讀完所有哈利波特小說（本書在撰寫時已經出版了五本）的學生，應該幾乎不會有困難。

閱讀的力量

The Power of Reading: Insights from the Research

參 考 文 獻

Alexander, F. 1986. *California assessment program: Annual report.* Sacramento: California State Department of Education.

Allen, L., J. Cipielewski, and K. Stanovich. 1992. Multiple indicators of children's reading habits and attitudes: Construct validity and cognitive correlates. *Journal of Educational Psychology* 84: 489–503.

Allington, R. 1980. Poor readers don't get to read much in reading groups. *Language Arts* 57: 872–876.

Allington, R., S. Guice, K. Baker, N. Michaelson, and S. Li. 1995. Access to books: Variations in schools and classrooms. *The Language and Literacy Spectrum* 5: 23–25.

Anderson, R., P. Wilson, and L. Fielding. 1988. Growth in reading and how children spend their time outside of school. *Reading Research Quarterly* 23: 285–303.

Applebee, A. 1978. Teaching high-achievement students: A survey of the winners of the 1977 NCTE Achievement Awards in writing. *Research in the Teaching of English* 1: 41–53.

———. 1984. Writing and reasoning. *Review of Educational Research* 54: 577–596.

Applebee, A., J. Langer, and I. Mullis. 1986. *The writing report card.* Princeton, N.J.: Educational Testing Service.

Applebee, A., J. Langer, I. Mullis, L. Jenkins, and M. Foertsch. 1990. *Learning to write in our nation's schools: Instruction and achievement in 1988 at grades 4, 8, and 12.* Princeton, N.J.: Educational Testing Service.

Appleby, B., and J. Conner. 1965. Well, what did you think of it? *English Journal* 54: 606–612.

Aranha, M. 1985. Sustained silent reading goes east. *Reading Teacher* 39: 214–217.

Aranow, M. 1961. A study of the effect of individualized reading on children's reading test scores. *Reading Teacher* 15: 86–91.

Arlin, M., and G. Roth. 1978. Pupil's use of time while reading comics and books. *American Educational Research Journal* 5: 201–216.

Arnold, L. 1964. Writer's cramp and eyestrain—are they paying off? *English Journal* 53: 10–15.

Asimov, I. 2002. *It's been a good life.* New York: Prometheus Books.

Bader, L., J. Veatch, and J. Eldridge. 1987. Trade books or basal readers? *Reading Improvement* 24: 62–67.

Bailey, A. 1969. How parents feel about individualized reading. In *Individualized reading: Readings,* ed. S. Duker. Metuchen, N.J.: Scarecrow, pp. 325–330.

Bailyn, L. 1959. Mass media and children: A study of exposure habits and cognitive effects. *Psychological Monographs* 73: 201–216.

Baughman, J. 2000. *School libraries and MCAS scores.* Available: http://artemis.simmons.edu/~baughman/mcas-school-libraries.

Beck, I., M. McKeown, and E. McCaslin. 1983. Vocabulary development: Not all contexts are created equal. *Elementary School Journal* 83: 177–181.

Beentjes, J., and T. Van der Voort. 1988. Television's impact on children's reading skills: A review of the research. *Psychological Monographs* 73: 201–216.

Biber, D. 1986. Spoken and written textual dimensions in English. *Language* 62: 384–414.

Bintz, W. 1993. Resistant readers in secondary education: Some insights and implications. *Journal of Reading* 36(8): 604–615.

Blakely, W. 1958. A study of seventh grade children's reading of comic books as related to certain other variables. *Journal of Genetic Psychology* 93: 291–301.

Blok, H. 1999. Reading to young children in educational settings: A meta-analysis of recent research. *Language Learning* 49 (2): 343–371.

Blosser, B. 1988. Television, reading and oral language development: The case of the Hispanic child. *NABE Journal* 13: 21–42.

Bohnhorst, B., and S. Sellars. 1959. Individual reading instruction vs. basal textbook instruction: Some tentative explorations. *Elementary English* 36: 185–202.

Boice, R. 1983. Contingency management in writing and the appearance of creative ideas: Implications for the treatment of writing blocks. *Behavioral Research Therapy* 21 (5): 537–43.

———. 1994. *How writers journey to comfort and fluency.* Westport, Conn.: Praeger.

Brandenburg, G. 1919. Some possibly secondary factors in spelling ability. *School and Society* 9: 632–636.

Brassell, D. 2003. Sixteen books went home tonight: Fifteen were introduced by the teacher. *The California Reader* 36 (3): 33–39.

Brazerman, C. 1985. Physicists reading physics: Schema-laden purposes and purpose-laden schema. *Written Communication* 2: 3–43.

Brocka, B. 1979. Comic books: In case you haven't noticed, they've changed. *Media and Methods* 15: 30–32.

Brown, J., J. Cramond, and R. Wilde. 1974. Displacement effects of television and the child's functional orientation to media. In *Children's understanding of television,* ed. J. Bryant and D. Anderson. New York: Academic Press, pp. 1–33.

Burger, S. 1989. Content-based ESL in a sheltered psychology course: Input, output, and outcomes. *TESL Canada* 6: 45–59.

Burley, J. 1980. Short-term, high intensity reading practice methods for upward bound students: An appraisal. *Negro Educational Review* 31(3–4): 156–161.

Burton, S., J. Calonico, and D. McSeveney. 1979. Effects of preschool television watching on first-grade children. *Journal of Communication* 29(3): 164–170.

Bus, A., M. Van Ijzendoorn, and A. Pellegrini. 1995. Joint book reading makes for success in learning to read: A meta-analysis on intergenerational transmission of literacy. *Review of Educational Research* 65: 1–21.

Busch, J. 1978. Television's effects on reading: A case study. *Phi Beta Kappan* 59: 668–671.

Business Week Online. 2002. *Comics clamber back from the brink.* Available: http://businessweek.com/bwdaily/dnflash/aug2002/nf20020829_2344.htm.

Bustead, A. 1943. Finding the best method for memorizing. *The Journal of Educational Psychology* 34: 110–114.

Camiciottoli, B. C. 2001. Extensive reading in English: Habits and attitudes of a group of Italian university students. *Journal of Research in Reading* 24(2): 135–153.

Campbell, C., D. Griswald, and F. H. Smith. 1988. Effects of tradebook covers (hardback or paperback) on individualized reading choices by elementary-age children. *Reading Improvement* 25: 166–178.

Campbell, D., and J. Stanley. 1966. *Experimental and quasi-experimental designs for research.* Chicago: Rand McNally.

Carlsen, G. R., and A. Sherrill. 1988. *Voices of readers: How we come to love books.* Urbana, Ill.: NCTE.

Carson, B. 1990. *Gifted hands.* Grand Rapids, Mich.: Zondervan Books.

Carter, C. 1988. Does your child love to read? *Parade Magazine,* April 3.

Cho, G., and S. Krashen. 2000. The role of voluntary factors in heritage language development: How speakers can develop the heritage language on their own. *ITL: Review of Applied Linguistics* 127–128: 127–140.

Cho, K. S., and S. Krashen. 1994. Acquisition of vocabulary from the Sweet Valley High Kids series: Adult ESL acquisition. *Journal of Reading* 37: 662–667.

———. 1995a. From Sweet Valley Kids to Harlequins in one year. *California English* 1(1): 18–19.

———. 1995b. Becoming a dragon: Progress in English as a second language through narrow free voluntary reading. *California Reader* 29: 9–10.

———. 2002. Sustained silent reading experiences among Korean teachers of English as a foreign language: The effect of a single exposure to interesting, comprehensible reading. *Reading Improvement* 38(4): 170–174.

Chomsky, N. 1965. *Aspects of the theory of syntax.* Cambridge, Mass.: MIT Press.

ipielewski, J., and K. Stanovich. 1990. Assessing print exposure and ortho-graphic processing skill in children: a quick measure of reading experi-ence. *Journal of Educational Psychology* 82: 733–740.

leary, F. 1939. Why children read. *Wilson Library Bulletin* 14: 119–126.

line, R., and G. Kretke. 1980. An evaluation of long-term SSR in the junior high school. *Journal of Reading* (March): 503–506.

line, Z., and J. Necochea. 2003. My mother never read to me. *Journal of Ado-lescent and Adult Literacy* 47 (2): 122–126.

ocks, J. 1988. The passing of Pow! and Blam! Comics grow up, get ambitious, and turn into graphic novels. *Time Magazine*, January 25.

offin, T. 1948. Television's effect on leisure-time activities. *Journal of Applied Psychology* 32: 550–558.

ohen, K. 1999. Reluctant eighth grade readers enjoy sustained silent read-ing. *California Reader* 33(1): 22–25.

ohen, Y. 1997. How reading got me into trouble. Class paper, Trenton State University, Summer.

oles, G. 2003. *Reading the naked truth: Literacy, legislation, and lies.* Portsmouth, N.H.: Heinemann.

ollins, C. 1980. Sustained silent reading periods: Effects of teachers' behav-iors and students' achievements. *Elementary School Journal* 81: 109–114.

omstock, G., and H. Paik. 1991. *Television and the American child.* New York: Academic Press.

onstantino, R. 1994. Immigrant ESL high school students' understanding and use of the school and public library. *SCOPE Journal* 93: 6–18.

——. Minority use of the library. *California Reader* 28: 10–12.

onstantino, R., S. Y. Lee, K. S. Cho, and S. Krashen. 1997. Free voluntary reading as a predictor of TOEFL scores. *Applied Language Learning* 8: 111–118.

ook, W. 1912. Shall we teach spelling by rule? *Journal of Educational Psychol-ogy* 3: 316–325.

ornman, O. 1902. *Spelling in the elementary school.* Boston: Ginn.

orteen, R., and T. Williams. 1986. Television and reading skills. In *The impact of television,* ed. T. M. Williams. New York: Academic Press, pp. 39–86.

sikszentmihalyi , M. 1991. *Flow: The psychology of optimal experience.* New York: HarperPerennial.

ummins, J. 1981. The role of primary language development in promoting educational success for language minority students. In *Schooling and lan-guage minority students.* Sacramento: California Department of Educa-tion, pp. 3–49.

——. 1996. *Negotiating identities: Education for empowerment in a diverse soci-ety.* Los Angeles: California Association for Bilingual Education.

unningham, A., and K. Stanovich. 1990. Assessing print exposure and or-thographic processing skill in children: A quick measure of reading ex-perience. *Journal of Educational Psychology* 82: 733–740.

urtiss, H., and E. Dolch. 1939. Do spelling books teach spelling? *Elementary School Journal* 39: 584–592.

yrog, F. 1962. Self-selection in reading: Report of a longitudinal study. In *Claremont reading conference: 26th yearbook,* ed. M. Douglas. Claremont, Calif.: Claremont Graduate School, pp. 106–113.

aly, J., and D. Wilson. 1983. Writing apprehension, self-esteem, and person-ality. *Research in the Teaching of English* 17: 327–341.

avis, F., and J. Lucas. 1971. An experiment in individualized reading. *Read-ing Teacher* 24: 737–743, 747.

avis, Z. 1998. A comparison of the effectiveness of sustained silent reading and directed reading activity on students' reading achievement. *The High School Journal* 72(1): 46–48.

ay, R., C. Omura, and M. Hiramatsu. 1991. Incidental EFL vocabulary learn-ing and reading. *Reading in a Foreign Language* 7(2): 541–551.

egrotsky, D. 1981. *Television viewing and reading achievement of seventh and eighth graders.* ERIC Document No. ED 215 291.

enton, K., and J. West. 2002. *Children's reading and mathematics achievement in kindergarten and first grade.* Washington, D.C.: National Center for Educa-tional Statistics.

Di Loreto, C., and L. Tse. 1999. Seeing is believing: Disparity in books in two Los Angeles area public libraries. *School Library Quarterly* 17(3): 31–36.

Dirda, M. 2003. *An open book.* New York: Norton.

Doig, D., and A. Blackmore. 1995. Leisure reading: Attitudes and practices of Australian year 6 children. *Australian Journal of Language and Literacy* 18(3): 204–217.

Dorrell, L., and E. Carroll. 1981. Spider-Man at the library. *School Library Jour-nal* 27: 17–19.

Dressell, P., J. Schmid, and G. Kincaid. 1952. The effects of writing frequency upon essay-type writing proficiency at the college level. *Journal of Educa-tional Research* 46: 285–293.

Duggins, J. 1976. The elementary self-contained classroom. In *The new hooked on books,* ed. D. Fader. New York: Berkeley Books, pp. 181–190.

Duin, J. 2002. Comics still flying high. *The Washington Times,* February 6.

Duke, N. 2000. For the rich it's richer: Print experiences and environments of-fered to children in very low- and very high-socioeconomic status first-grade classrooms. *American Educational Research Journal* 37(2): 441–478.

Dulay, H., and M. Burt. 1977. Remarks on creativity in second language ac-quisition. In *Viewpoints on English as a second language,* ed. M. Burt, H. Dulay, and M. Finnocchiaro. New York: Regents, pp. 95–126.

Dulay, H., M. Burt, and S. Krashen. 1982. *Language two.* New York: Oxford University Press.

Dupuy, B. 1997. Voices from the classroom: Students favor extensive reading over grammar instruction and practice, and give their reasons. *Applied Language Learning* 8(2): 253–261.

——. 1998. Cercles de lecture: Une autre approche de la lecture dans la classe intermédiaire de français langue étrangrée. *The Canadian Modern Language Review* 54 (4): 579–585.

Dupuy, B., and S. Krashen. 1993. Incidental vocabulary acquisition in French as a foreign language. *Applied Language Learning* 4 (1, 2): 55–63.

Elbow, P. 1973. *Writing without teachers.* New York: Oxford University Press.

Eller, R., C. Pappas, and E. Brown. 1988. The lexical development of kinder-gartners: Learning from written context. *Journal of Reading Behavior* 20: 5–24.

Elley, W. 1984. Exploring the reading difficulties of second language learners in Fiji. In *Reading in a second language,* ed. J. C. Alderson and A. Urquart. New York: Longman, pp. 281–301.

——. 1989. Vocabulary acquisition from listening to stories. *Reading Re-search Quarterly* 24: 174–187.

——. 1991. Acquiring literacy in a second language: The effect of book-based programs. *Language Learning* 41: 375–411.

——. 1992. *How in the world do students read?* Hamburg: The International Association for the Evaluation of Educational Achievement.

——. 1994. *IEA study of reading literacy.* Amsterdam: Elsevier Science.

——. 1998. *Raising literacy levels in third world countries: A method that works.* Culver City, Calif.: Language Education Associates.

Elley, W., I. Barham, H. Lamb, and M. Wyllie. 1976. The role of grammar in a secondary school curriculum. *Research in the Teaching of English* 10: 5–21.

Elley, W., and F. Mangubhai. 1983. The impact of reading on second language learning. *Reading Research Quarterly* 19: 53–67.

El-Shabbaz, E. 1964. *The autobiography of Malcolm X.* New York: Ballantine.

Emery, C., and M. Csikszentmihalyi. 1982. The socialization effects of cultural role models in ontogenetic development and upward mobility. *Child Psychiatry and Human Development* 12: 3–19.

Evans, H., and J. Towner. 1975. Sustained silent reading: Does it increase skills? *Reading Teacher* 29: 155–156.

Evans, P., and N. Gleadow. 1983. Literacy: A study of literacy performance and leisure activities in Victoria, BC. *Reading Canada Lecture* 2: 3–16.

Facemire, N. 2000. *The effect of the accelerated reader on the reading comprehension of third graders.* ERIC Document No. ED 442 097

Fader, D. 1976. *The new hooked on books.* New York: Berkeley Books.

Fadiman, C. 1947. *Party of one: The selected writings of Clifton Fadiman.* Cleveland: World Publishing.

Fairbank, Maslin, Maullin and Associates. 1999. *California Statewide Poll, Job # 620–157.* Santa Monica, Calif.: California Opinion Research.

Farrell, E. 1982. SSR as the core of junior high school reading program. *The Reading Teacher* 36: 48–51.

Fasick, A. 1973. Television language and book language. *Elementary English* 50: 125–131.

Feitelson, D., B. Kita, and A. Goldstein, 1986. Effects of listening to series stories on first graders' comprehension and use of language. *Research in the Teaching of English* 20: 339–355.

Filback, R., and S. Krashen. 2002. The impact of reading the bible and studying the bible on biblical knowledge. *Knowledge Quest* 31(2): 50–51.

Finegan, E. 1999. *Language: Its structure and use.* 3d ed. New York: Harcourt Brace.

Flurkey, A., and J. Xu, eds. 2003. *On the revolution in reading: The selected writings of Kenneth S. Goodman.* Portsmouth, N.H.: Heinemann.

Foertsch, M. 1992. *Reading in and out of school.* Washington, D.C.: U.S. Department of Education.

Frebody, P., and R. Anderson. 1983. Effects of text comprehension of differing proportions and locations of difficult vocabulary. *Journal of Reading Behavior* 15: 19–39.

Gadberry, S. 1980. Effects of restricting first graders' TV-viewing on leisure time use, IQ change, and cognitive style. *Journal of Applied Developmental Psychology* 1: 45–57.

Gallup. 2002. Does reading still stack up? Gallup Poll News Service, September 3. Available: 2002. http://www.gallup.com.

Ganguli, A. 1989. Integrating writing in developmental mathematics. *College Teaching* 37: 140–142.

Garan, E. 2002. *Resisting reading mandates.* Portsmouth, N.H.: Heinemann.

Gaver, M. 1963. *Effectiveness of centralized library service in elementary schools.* New Brunswick, N.J.: Rutgers University Press.

Gilbert, L. 1934a. Effect of spelling on reading in the ninth grade. *School Review* 42: 197–204.

———. 1934b. Effect of reading on spelling in the secondary schools. *California Quarterly of Secondary Education* 9: 269–275.

———. 1935. Study of the effect of reading on spelling. *Journal of Educational Research* 28: 570–586.

Goertzel, M., V. Goertzel, and T. Goertzel, T. 1978. *Three hundred eminent personalities.* San Francisco: Jossey-Bass.

Goodman, R. 1999. *The Reading Renaissance/Accelerated Reader program. Pinal County school-to-work evaluation report.* ERIC Document No. ED 427 299

Goodman, K. 1982. Language, literacy, and learning. London: Routledge Kagan Paul.

Goodman, K., and Y. Goodman. 1982. Spelling ability of a self-taught reader. In *Language and literacy: The selected writings of Kenneth S. Goodman,* vol. 2., ed. F. Gollasch. London: Routledge, pp. 135–142.

Gordon, I., and C. Clark. 1961. An experiment in individualized reading. *Childhood Education* 38: 112–113.

Gorman, M. 2002. Thirty graphic novels you can't live without. *School Library Journal* 48(8): 42–44, 47.

Gradman, H., and E. Hanania. 1991. Language learning background factors and ESL proficiency. *Modern Language Journal* 75: 39–51.

Graves, M., G. Brunett, and W. Slater. 1982. The reading vocabularies of primary grade children from varying geographic and social backgrounds. In *New Inquiries in Reading Research and Instruction,* ed. J. Niles and C. Harris. Rochester, NY: National Reading Conference, pp. 99–104.

Gray, G. 1969. A survey of children's attitudes toward individualized reading. In *Individualized reading: Readings,* ed. S. Duker. Metuchen, N.J.: Scarecrow, pp. 330–332.

Greaney, V. 1970. A comparison of individualized and basal reader approaches to reading instruction. *Irish Journal of Education* 1: 19–29.

———. 1980. Factors related to the amount and type of leisure time reading. *Reading Research Quarterly* 15: 337–357.

Greaney, V., and M. Clarke. 1973. A longitudinal study of the effects of two reading methods on leisure-time reading habits. In *Reading: What of the future?* ed. D. Moyle. London: United Kingdom Reading Association, pp. 107–114.

Greaney, V., and M. Hegarty. 1987. Correlations of leisure time reading. *Journal of Research in Reading* 10:3–20.

Greene, J. 1997. A meta-analysis of the Rossell and Baker review of bilingual education research. *Bilingual Research Journal* 21 (2, 3): 103–122.

Gupta, A., and S. P. Yeok. 1995. Language shift in a Singapore family. *Journal of Multilingual and Multicultural Development* 16(4): 301–314.

Hafiz, F., and I. Tudor. 1990. Graded readers as an input medium in L2 learning. *System* 18(1): 31–42.

Hafner, L., B. Palmer, and S. Tullos. 1986. The differential reading interests of good and poor readers in the ninth grade. *Reading Improvement* 23: 39–42.

Haggan, M. 1991. Spelling errors in native Arabic-speaking English majors: a comparison between remedial students and fourth year students. *System* 19: 45–61.

Hammill, D., S. Larsen, and G. McNutt. 1977. The effect of spelling instruction: A preliminary study. *Elementary School Journal* 78: 67–72.

Hartl, B. 2003. Comic relief: Heroic efforts keep Parts Unknown afloat. *The Business Journal of the Greater Triad Area,* March 31.

Haugaard, K. 1973. Comic books: A conduit to culture? *Reading Teacher* 27: 54–55.

Hayes, D., and M. Ahrens. 1988. Vocabulary simplification for children: a special case of "motherese"? *Journal of Child Language* 15: 395–410.

Healy, A. 1963. Changing children's attitudes toward reading. *Elementary English* 40: 255–257, 279.

Heisler, F. 1947. A comparison of comic book and non-comic book readers of the elementary school. *Journal of Educational Research* 40: 458–464.

Herbert, S. 1987. SSR—What do students think? *Journal of Reading* 30(7): 651

Herda, R., and F. Ramos. 2001. How consistently do students read during sustained silent reading? *California School Library Journal* 24(2): 29–31.

Herman, P., R. Anderson, P. D. Pearson, and W. Nagy. 1987. Incidental acquisition of word meanings from expositions with varied text features. *Reading Research Quarterly* 22: 263–284.

Hermann, F. 2003. Differential effects of reading and memorization of paired associates on vocabulary acquisition in adult learners of English as a second language. *TESL-EJ* 7(1): A-1. Available: http://www-writing.berkeley.edu/TESOL-EJ.

Heyns, B. 1978. *Summer learning and the effects of schooling.* New York: Academic Press.

Hillocks, G., Jr. 1986. *Research on written composition: New directions for teaching.* ED 265552. Urbana, Ill.: ERIC.

Himmelweit, H., A. Oppenheim, and P. Vince. 1958. *Television and the child.* New York: Oxford University Press.

Holt, S., and F. O'Tuel. 1989. The effect of sustained silent reading and writing on achievement and attitudes of seventh and eighth grade students reading two years below grade level. *Reading Improvement* 26: 290–297.

Horst, M., T. Cobb, and P. Meara. 1998. Beyond Clockwork Orange: Acquiring second language vocabulary through reading. *Reading in a Foreign Language* 11(2): 207–223.

Houle, C., and C. Montmarquette. 1984. An empirical analysis of loans by school libraries. *Alberta Journal of Educational Research* 30: 104–114.

Hoult, T. 1949. Comic books and juvenile delinquency. *Sociology and Social Research* 33: 279–284.

Hughes, J. 1966. The myth of the spelling list. *National Elementary Principal* 46: 53–54.

Hunting, R. 1967. Recent studies of writing frequency. *Research in the Teaching of English* 1: 29–40.

Huser, M. 1967. Reading and more reading. *Elementary English* 44: 378–385.

Inge, M. T. 1985. *The American comic book.* Columbus: Ohio State University.

Ingham, J. 1981. *Books and reading development: The Bradford book flood experiment.* London: Heinemann Educational Books.

Ivey, G., and K. Broaddus. 2001. "Just plain reading": A survey of what makes students want to read in middle school classrooms. *Reading Research Quarterly* 36(4): 350–377.

Jacoby, L., and A. Hollingshead. 1990. Reading student essays may be hazardous to your spelling: Effects of reading incorrectly and correctly spelled words. *Canadian Journal of Psychology* 44: 345–358.

Janopoulos, M. 1986. The relationship of pleasure reading and second language writing proficiency. *TESOL Quarterly* 20: 763–768.

Jenkins, M. 1957. Self-selection in reading. *Reading Teacher* 11: 84–90.

Johnson, R. 1965. Individualized and basal primary reading programs. *Elementary English* 42: 902–904, 915.

Jönsson, A. 1986. TV: A threat or a complement to school? *Journal of Educational Television* 12(1): 29–38.

Kaplan, J., and E. Palhinda. 1981. Non-native speakers of English and their composition abilities: A review and analysis. In *Linguistics and literacy*, ed. W. Frawley. New York: Plenum Press, pp. 425–457.

Kim, H., and S. Krashen. 1998a. The author and magazine recognition tests as predictors of literacy development in Korean. *Perceptual and Motor Skills* 87: 1376–1378.

————. 1998b. The author recognition and magazine recognition tests, and free voluntary reading as predictors of vocabulary development in English as a foreign language for Korean high school students. *System* 26: 515–523.

Kim, J. 2003. Summer reading and the ethnic achievement gap. Paper presented at the American Educational Research Association, Chicago, April 21.

Kim, J., and S. Krashen, S. 2000. Another home run. *California English* 6(2): 25

Kitao, K., M. Yamamoto, S. K. Kitao, and H. Shimatani. 1990. Independent reading in English—use of graded readers in the library English as a second language corner. *Reading in a Foreign Language* 6(2): 383–395.

Konopak. B. 1988. Effects of inconsiderate vs. considerate text on secondary students' vocabulary learning. *Journal of Reading Behavior* 20: 25–41.

Krashen, S. 1982. *Principles and practice in second language acquisition*. New York: Prentice Hall.

————. 1984. *Writing: Research, theory and applications*. Beverly Hills: Laredo Publishing.

————. 1985a. *The input hypothesis: Issues and implications*. Beverly Hills: Laredo.

————. 1985b. *Inquiries and insights*. Menlo Park: Calif.: Alemany Press.

————. 1988. Do we learn to reading by reading? The relationship between free reading and reading ability. In *Linguistics in context: Connecting observation and understanding*, ed. D. Tannen. Norwood, N.J.: Ablex, pp. 269–298.

————. 1989. We acquire vocabulary and spelling by reading: Additional evidence for the Input Hypothesis. *Modern Language Journal* 73: 440–464.

————. 1994. The pleasure hypothesis. In *Georgetown University Round Table on Languages and Linguistics*, ed. J. Alatis. Washington, D.C.: Georgetown University Press, pp. 299–302.

————. 1995. School libraries, public libraries, and the NAEP reading scores. *School Library Media Quarterly* 23: 235–238.

————. 1996. *Under attack: The case against bilingual education*. San Francisco: Alta Publishing.

————. 1998a. Why consider the library and books? In *Literacy, access, and libraries among the language minority population*, ed. R. Constantino. Lanham, Md.: Scarecrow, pp. 1–16.

————. 1998b. Language shyness and heritage language development. In *Heritage language development*, ed. S. Krashen, L. Tse, and J. McQuillan. Culver City, Calif.: Language Education Associates.

————. 1999. *Three arguments against whole language and why they are wrong*. Portsmouth, N.H.: Heinemann.

————. 2001. More smoke and mirrors: A critique of the National Reading Panel report on fluency. *Phi Delta Kappan* 83: 119–123.

————. 2002. The NRP comparison of whole language and phonics: Ignoring the crucial variable in reading. *Talking Points* 13(3): 22–28.

————. 2003a. *Explorations in language acquisition and use: The Taipei lectures*. Portsmouth, N.H.: Heinemann.

————. 2003b. The unbearable coolness of phonemic awareness. *Language Magazine* 2(8): 13–18.

————. 2003c. Three roles for reading. In *English learners: Reaching the highest level of English literacy*, ed. G. Garcia. International Reading Association.

————. 2003d. The (lack of) experimental evidence supporting the use of Accelerated Reader. *Journal of Children's Literature* 29 (2): 9, 16–30.

Krashen, S., and H. White. 1991. Is spelling acquired or learned? A re-analysis of Rice (1897) and Cornman (1902). *ITL: Review of Applied Linguistics* 91–92: 1–48.

Kyte, G. 1948. When spelling has been mastered in the elementary school. *Journal of Educational Research* 42: 47–53.

LaBrant, L. 1958. An evaluation of free reading. In *Research in the three R's*, ed. C. Hunnicutt and W. Iverson. New York: Harper, pp. 154–161.

Lai, F. K. 1993. The effect of a summer reading course on reading and writing skills. *System* 21(1): 87–100.

Lamme, L. 1976. Are reading habits and abilities related? *Reading Teacher* 30: 21–27.

Lancaster, T. 1928. A study of the voluntary reading of pupils in grdes IV-VIII. *Elementary School Journal* 28: 525–537.

Lance, K., C. Hamilton-Pennell, M. Rodney, L. Petersen, and C. Sitter, C. 1999. *Information empowered: The school librarian as an academic achievement in Alaska schools*. Juno: Alaska State Library.

Lance, K., M. Rodney, and C. Hamilton-Pennell. 2000a. *How school librarians help kids achieve standards: The second Colorado study*. San Jose: Hi Willow Research and Publishing.

————. 2000b. *Measuring up to standards: The impact of school library programs and information literacy in Pennsylvania schools*. Greensburg, Pa.: Pennsylvania Citizens for Better Libraries (604 Hunt Club Drive, Greensburg PA, 15601).

————. 2001. *Good schools have school librarians: Oregon school librarians collaborate to improve academic achievement*. Salem: Oregon Educational Media Association.

Lance, K., L. Welborn, and C. Hamilton-Pennell. 1993. *The Impact of school library media centers on academic achievement*. Castle Rock, Colo.: Hi Willow Research and Publishing.

Langer, J., and A. Applebee. 1987. *How writing shapes thinking*. Urbana, Ill.: National Council of Teachers of English.

Langford, J., and Allen, E. 1983. The effects of U.S.S.R. on students' attitudes and achievements. *Reading Horizons* 23: 194–200.

Lao, C. Y. 2003. Prospective teachers' journey to becoming readers. *New Mexico Journal of Reading* 32(2): 14–20.

Lao, C. Y., and S. Krashen. 2000. The impact of popular literature study on literacy development in EFL: More evidence for the power of reading. *System* 28: 261–270.

Laufer, B. 2003. Vocabulary acquisition in a second language: Do learners really acquire most vocabulary by reading? Some empirical evidence. *The Canadian Modern Language Review* 59(4): 567–587.

Lawson, H. 1968. Effects of free reading on the reading achievement of sixth grade pupils. In *Forging ahead in reading*, ed. J. A. Figurel. Newark, Del: International Reading Association, pp. 501–504.

Lee, S. Y. 1998. Effects of introducing free reading and language acquisition theory on students' attitudes toward the English class. *Studies in English Language and Literature* 4: 21–28.

————. 2001. *What makes it difficult to write*. Taipei: Crane Publishing Company.

Lee, S. Y., and S. Krashen. 1996. Free voluntary reading and writing competence in Taiwanese high school students. *Perceptual and Motor Skills* 83: 687–690.

————. 1997. Writing apprehension in Chinese as a first language. *ITL: Review of Applied Linguistics* 115–116: 27–37.

Lee, S. Y., S. Krashen, and L. Tse. 1997. The author recognition test and vocabulary knowledge: A replication. *Perceptual and Motor Skills* 83: 648–650.

Lee, Y. O., S. Krashen, and B. Gribbons. 1996 The effect of reading on the acquisition of English relative clauses. *ITL: Review of Applied Linguistics* 113–114: 263–273.

LeMoine, N., B. Brandlin, B. O'Brian, and J. McQuillan. 1997. The (print)-rich get richer: Library access in low- and high-achieving elementary schools. *The California Reader* 30: 23–25.

Leonhardt, M. 1998. How to sweeten your school's climate for reading. *School Library Journal* 44(11): 28–31.

Leung, C., and J. Pikulski. 1990. Incidental learning of word meanings by kindergarten and first-grade children through repeated read aloud events. In *Literacy theory and research: Analysis from multiple paradigms*, ed. J. Zutell and S. McCormick. Chicago: National Reading Conference, pp. 281–301.

Liberman, M. 1979. The verbal language of television. *Journal of Reading* 26: 602–609.

Lituanas, P., G. Jacobs, and W. Renandya. 1999. A study of extensive reading with remedial reading students. In *Language instructional issues in Asian classrooms*, ed. Y. M. Cheah and S. M. Ng. Newark, N.J.: International Reading Association, pp. 89–104.

Lokke, V., and G. Wykoff. 1948. "Double writing" in freshman composition —an experiment. *School and Society* 68: 437–439.

Lomax, C. 1976. Interest in books and stories at nursery school. *Educational Research* 19: 110–112.

Lorge, I., and J. Chall. 1963. Estimating the size of vocabularies of children and adults: An analysis of methodological issues. *Journal of Experimental Education* 32: 147–157.

Lowrey, L., and W. Grafft. 1965. Paperback books and reading attitudes. *Reading Teacher* 21: 618–623.

Lyness, P. 1952. The place of the mass media in the lives of boys and girls. *Journalism Quarterly* 29: 43–54.

Maccoby, E. 1951. Television: Its impact on school children. *Public Opinion Quarterly* 15: 421–444.

MacDonald, H. 2003. Manga sales just keep rising. *Publishers Weekly*, March 17.

Manning, G., and M. Manning. 1984. What models of recreational reading make a difference? *Reading World* 23: 375–380.

Marshall, J. 1987. The effects of writing on students' understanding of literary texts. *Research in the Teaching of English* 21: 30–63.

Martinez, M., N. Roser, J. Worthy, S. Strecker, and P. Gough. 1997. Classroom libraries and children's book selections: Redefining "access" in self-selected reading. In *Inquires in literacy: Theory and practice. Forty-sixth yearbook of The National Reading Conference*, ed. C. Kinzer, K. Hinchman, and D. Leu. Chicago: National Reading Conference, pp. 265–272.

Mason, B. 2003. Evidence for the sufficiency of extensive reading on the development of grammatical accuracy. Doctoral dissertation, Temple University, Osaka, Japan.

Mason, B., and S. Krashen. 1997. Extensive reading in English as a foreign language. *System* 25: 91–102.

Mason, G., and W. Blanton. 1971. Story content for beginning reading instruction. *Elementary English* 48: 793–796.

Massimini, F., M. Csikszentmihalyi, and A. Della Fave. 1992. Flow and biocultural evolution. In *Optimal experience: Psychological studies of flow in consciousness*, ed. M. Csikszentmihalyi and I. Csikszentmihalyi. Cambridge: Cambridge University Press, pp. 60–81.

Mathabane, M. 1986. *Kaffir boy*. New York: Plume.

Mathis, D. 1996. *The effect of the Accelerated Reader program on reading comprehension*. ERIC Document No. ED 398 555.

Maynes, F. 1981. Uninterrupted sustained silent reading. *Reading Research Quarterly* 17: 159–160.

McCracken, R., and M. McCracken. 1978. Modeling is the key to sustained silent reading. *Reading Teacher* 31: 406–408.

McDonald, M., J. Harris, and J. Mann. 1966. Individual versus group instruction in first grade reading. *Reading Teacher* 19: 643–646, 652.

McEvoy, G., and C. Vincent. 1980. Who reads and why? *Journal of Communication* 30: 134–140.

McKenna, M., D. Kear, and R. Ellsworth. 1991. Developmental trends in children's use of print media: A national study. In *Learner factors/teacher factors: Issues in literacy research and instruction*, ed. J. Zutell and S. McCormick. Chicago: National Reading Conference, pp. 319–324.

McLoyd, V. 1979. The effects of extrinsic rewards of differential value on high and low intrinsic interest. *Child Development* 10: 1010–1019.

McQuillan, J. 1994. Reading versus grammar: What students think is pleasurable for language acquisition. *Applied Language Learning* 5: 95–100.

———. 1996. How should heritage languages be taught? The effects of a free voluntary reading program. *Foreign Language Annals* 29(1): 56–72.

———. 1997. The effects of incentives on reading. *Reading Research and Instruction* 36: 111–125.

———. 1998a. *The literacy crisis: False claims and real solutions*. Portsmouth, N.H.: Heinemann.

———. 1998b. The use of self-selected and free voluntary reading in heritage language programs: A review of research. In *Heritage language development*, ed. S. Krashen, L. Tse, and J. McQuillan. Culver City, Calif.: Language Education Associates, pp. 73–87.

McQuillan, J., and J. Au. 2001. The effect of print access on reading frequency. *Reading Psychology* 22: 225–248.

McQuillan, J., and V. Rodrigo. 1998. Literature-based programs for first language development: Giving native bilinguals access to books. In *Literacy, Access, and Libraries Among the Language Minority Population*, ed. R. Constantino. Lanham, Md.: Scarecrow, pp. 209–224.

Medrich, E., A. Roizen, V. Rubin, and S. Buckley. 1982. *The serious business of growing up: A study of children's lives outside school*. Los Angeles: University of California Press.

Mellon, C. 1987. Teenagers do read: What rural youth say about leisure reading. *School Library Journal* 38(8): 27–30.

Miller, F. 1986. *The Dark Knight returns*. New York: DC Comics.

Miller, G. 1977. *Spontaneous apprentices: Children and language*. New York: Seabury.

Miller, M., and M. Shontz. 2001. New money, old books. *School Library Journal* 47(10): 5–60.

Minton, M. 1980. The effect of sustained silent reading upon comprehension and attitudes among ninth graders. *Journal of Reading* 23: 498–502.

Monteith, M. 1980. How well does the average American read? Some facts, figures and opinions. *Journal of Reading* 20: 460–464.

Moore, A. 1986. *Watchmen*. New York: DC Comics.

Morrow, L. 1982. Relationships between literature programs, library corner designs, and children's use of literature. *Journal of Educational Research* 75: 339–344.

———. 1983. Home and school correlates of early interest in literature. *Journal of Educational Research* 75: 339–344.

Morrow, L., and C. Weinstein. 1982. Increasing children's use of literature through program and physical changes. *Elementary School Journal* 83: 131–137.

Munoz, H. 2003. First Lady delivers $5,000 and a passion for reading. *Education Week*, May 21.

Murray, J., and S. Kippax. 1978. Children's social behavior in three towns with differing television experience. *Reading Teacher* 28: 19–29.

Nagy, W., R. Anderson, and P. Herman. 1987. Learning word meanings from context during normal reading. *American Educational Research Journal* 24: 237–270.

Nagy, W., and P. Herman. 1987. Breadth and depth of vocabulary knowledge: Implications for acquisition and instruction. In *The nature of vocabulary acquisition*, ed. M. McKeown and M. Curtiss. Hillsdale, N.J.: Erbaum, pp. 19–35.

Nagy, W., P. Herman, and R. Anderson. 1985. Learning words from context. *Reading Research Quarterly* 23: 6–50.

National Council on Writing. 2003. *The neglected "R": The need for a writing revolution*. New York: College Entrance Examination Board.

ational Institute of Child Health and Human Development (NICHD). 2000. *Report of the National Reading Panel. Teaching children to read.* [NIH Publication no. 00-4754]. Washington, DC: Government Printing Office.

CES, 2000. *A study of the differences between higher- and lower-performing Indiana schools in reading and mathematics.* Oak Brook, Ill.: North Central Regional Educational Laboratory.

ell, V. 1988. *Lost in a book.* New Haven, Conn.: Yale University Press.

euman, S. 1986. The home environment and fifth-grade students' leisure reading. *Elementary School Journal* 86: 335–343.

——. 1988. The displacement effect: Assessing the relation between television viewing and reading performance. *Reading Research Quarterly* 23: 414–440.

——. 1995. *Literacy in the television age: The myth of the TV effect.* 2d ed. Norwood, N.J.: Ablex.

euman, S., and D. Celano. 2001. Access to print in low-income and middle-income communities. *Reading Research Quarterly* 36(1): 8–26.

ewell, G. 1984. Learning while writing in two content areas: A case study/protocol analysis. *Research in the Teaching of English* 18: 265–287.

ewell, G., and P. Winograd. 1989. The effects of writing on learning from expository text. *Written Communication* 6: 196–217.

isbet, S. 1941. The scientific investigation of spelling instruction: Two preliminary investigations. *British Journal of Educational Psychology* 11: 150.

orton, B. 2003. The motivating power of comic books: Insights from Archie comic book readers. *The Reading Teacher* 57(2): 140–147.

'Brian, I. 1931. A comparison of the use of intensive training and wide reading in the improvement of reading. *Educational Method* 10: 346–349.

liver, M. 1973. The effect of high intensity practice on reading comprehension. *Reading Improvement* 10: 16–18.

——. 1976. The effect of high intensity practice on reading achievement. *Reading Improvement* 13: 226–228.

ller, D. K, and R. Eilers. 2002. *Language and literacy in bilingual children.* Clevedon, England: Multilingual Matters.

rmrod, J. 1986. Learning to spell while reading: A follow-up study. *Perceptual and Motor Skills* 63: 652–654.

ack, S. 2000. Public library use, school performance, and the parental X-factor: A bio-documentary approach to children's snapshots. *Reading Improvement* 37: 161–172.

arrish, B. 1983. Put a little romance into your reading program. *Journal of Reading* 26: 610–615.

arrish, B., and K. Atwood. 1985. Enticing readers: The teen romance craze. *California Reader* 18: 22–27.

avonetti, L., K. Brimmer, and J. Cipielewski, J. 2003. Accelerated reader: What are the lasting effects on the reading habits of middle school students exposed to Accelerated Reader in elementary grades? *Journal of Adolescent and Adult Literacy* 46(4): 300–311.

etre, B. 1971. Reading breaks make it in Maryland. *The Reading Teacher* 15: 191–194.

au, D. 1967. Effects of planned recreational reading programs. *Reading Teacher* 21: 34–39.

lgreen, J. 2000. *The SSR handbook: How to organize and maintain a sustained silent reading program.* Portsmouth, N.H.: Heinemann.

lgreen, J., and S. Krashen. 1993. Sustained silent reading with high school ESL students: Impact on reading comprehension, reading frequency, and reading enjoyment. *School Library Media Quarterly* 22: 21–23.

tts, M., H. White, and S. Krashen. 1989. Acquiring second language vocabulary through reading: A replication of the Clockwork Orange study using second language acquirers. *Reading in a Foreign Language* 5: 271–275.

tts, S. 1986. Read aloud to adult learners? Of course! *Reading Psychology* 7: 35–42.

olak, J., and S. Krashen. 1988. Do we need to teach spelling? The relationship between spelling and voluntary reading among community college ESL students. *TESOL Quarterly* 22: 141–146.

ostman, N. 1983. The disappearing child. *Educational Leadership* 40: 10–17.

Postlethwaite, T., and K. N. Ross. 1992. *Effective schools in reading: Implications for educational planners. An exploratory study.* The Hague: The International Association for the Evaluation of Educational Achievement.

Potter, W. 1987. Does television viewing hinder academic achievement among adolescents? *Human Communications Research* 14: 27–46.

Pucci, S. 1994. Supporting Spanish language literacy: Latino children and free reading resources in the schools. *Bilingual Research Journal* 18: 67–82.

Pucci, S., and S. Ulanoff. 1996. Where are the books? *The CATESOL Journal* 9(2): 111–116.

Pulido, D. 2003. Modeling the role of second language proficiency and topic familiarity in second language incidental vocabulary acquisition through reading. *Language Learning* 53(2): 233–284.

Ramirez, D., S. Yuen, D. Ramey, and D. Pasta. 1991. *Final report: Longitudinal study of structured English immersion strategy, early-exit and late-exit bilingual education programs for language minority students, Vol. I.* San Mateo, Calif.: Aguirre International.

Ramos, F., and S. Krashen. 1998. The impact of one trip to the public library: Making books available may be the best incentive for reading. *The Reading Teacher* 51(7): 614–615.

Ravitch, D., and C. Finn. 1987. *What do our 17-year-olds know?* New York: Harper & Row.

Reed, C. 1985. *Reading adolescents: The young adult book and the school.* New York: Holt Rinehart Winston.

Rehder, L. 1980. Reading skills in a paperback classroom. *Reading Horizons* 21: 16–21.

Renaissance Reader, Report 36: Maine middle school achieves academic success with Renaissance comprehensive schoolwide program. Available: www.renlearn. com.

Renandya, W., B. R. S. Rajan, and G. Jacobs. 1999. ER with adult learns of English as a second language. *RELC Journal* 30(1): 39–61.

Reutzel, R., and P. Hollingsworth. 1991. Reading comprehension skills: Testing the distinctiveness hypothesis. *Reading Research and Instruction* 30: 32–46.

Rice, E. 1986. The everyday activities of adults: Implications for prose recall —Part I. *Educational Gerontology* 12: 173–186.

Rice, J. 1897. The futility of the spelling grind. *Forum* 23: 163–172, 409–419.

Rice, M., and P. Haight. 1986. "Motherese" of Mr. Rogers: A description of the dialogue of educational television programs. *Journal of Speech and Hearing Disorders* 51: 282–287.

Richard, A. 2003. GAO says costs for state tests all in how questions asked. *Education Week*, May 21.

Richards, A. 1920. Spelling and the individual system. *School and Society* 10: 647–650.

Roberts, D., C. Bachen, M. Hornby, and P. Hernandez-Ramos. 1984. Reading and television: Predictors of reading achievement at different age levels. *Communication Research* 11(1): 9–49.

Robinson, J. 1972. Television's impact on everyday life: Some cross-national evidence. In *Television and social behavior*, vol. 4, ed. E. Rubinstein, G. Comstock, and J. Murray. Rockwell, Md.: National Institute of Mental Health, pp. 410–431.

——. 1980. The changing reading habits of the American public. *Journal of Communication* 30: 141–152.

Robinson, J., and G. Godbey. 1997. *Time for life: The surprising way Americans use their time.* University Park: University of Pennsylvania Press.

Rodney, M., K. Lance, and C. Hamilton-Pennell, 2002. *Make the connection: Quality school library media programs impact academic achievement in Iowa.* Bettendorf, Iowa: Mississippi Bend Area Educational Agency.

Rodrigo, V. 1997. Son concientes los estudiantes de Espagnol intermedio de los beneficios que les brinda la lectura? *Hispania* 80: 255–264.

Rodrigo, V., J. McQuillan, S. Krashen. 1996. Free voluntary reading and vocabulary knowledge in native speakers of Spanish. *Perceptual and Motor Skills* 83: 648–650.

Rosenthal, N. 1995. *Speaking of reading.* Portsmouth, N.H.: Heinemann.

Ross, P. 1978. Getting books into those empty hands. *Reading Teacher* 31: 397–399.

The Power of Reading: Insights from the Research

Rucker, B. 1982. Magazines and teenage reading skills: Two controlled field experiments. *Journalism Quarterly* 59: 28–33.

Sadowski, M. 1980. An attitude survey for sustained silent reading programs. *Journal of Reading* 23: 721–726.

Salyer, M. 1987. A comparison of the learning characteristics of good and poor ESL writers. *Applied Linguistics Interest Section Newsletter, TESOL* 8: 2–3.

San Diego County. 1965. A plan for research. In *Individualized reading: Readings*, ed. S. Duker. Metuchen, N.J.: Scarecrow, pp. 359–363.

Saragi, Y., P. Nation, and G. Meister. 1978. Vocabulary learning and reading. *System* 6: 70–78.

Sartain, H. 1960. The Roseville experiment with individualized reading. *Reading Teacher* 12: 277–281.

Sato, I. 1992. Bosozuku: Flow in Japanese motorcycle gangs. In *Optimal experience: Psychological studies of flow in consciousness.* ed. M. Csikszentmihalyi and I. Csikszentmihalyi. Cambridge: Cambridge University Press, pp. 92–117.

Schafer, C., and A. Anastasi. 1968. A biographical inventory for identifying creativity in adolescent boys. *Journal of Applied Psychology* 58: 42–48.

Schatz, E., and R. Baldwin. 1986. Context clues are unreliable predictors of word meanings. *Reading Research Quarterly* 20: 439–453.

Schon, I., K. Hopkins, and C. Vojir. 1984. The effects of Spanish reading emphasis on the English and Spanish reading abilities of Hispanic high school students. *Bilingual Review* 11: 33–39.

———. 1985. The effects of special reading time in Spanish on the reading abilities and attitudes of Hispanic junior high school students. *Journal of Psycholinguistic Research* 14: 57–65.

Schoolboys of Barbiana. 1970. *Letter to a teacher.* New York: Vintage Books.

Schoonover, R. 1938. The case for voluminous reading. *English Journal* 27: 114–118

Schramm, W., J. Lyle, and E. Parker. 1961. *Television in the lives of our children.* Stanford, Calif.: Stanford University Press.

Seashore, R., and L. Eckerson. 1940. The measurement of individual differences in general English vocabularies. *Journal of Educational Psychology* 31: 14–31.

Segal, J. 1997. Summer daze. Class paper, Trenton State University, Summer.

Senechal, M., J. LeFebre, E. Hudson, and E. Lawson. 1996. Knowledge of storybooks as a predictor of young children's vocabulary. *Journal of Educational Psychology* 88(1): 520–536.

Shanahan, T. 2000. Reading Panel: A member responds to a critic. *Education Week*, May 31, 39.

Shin, F. 1998. Implementing free voluntary reading with ESL middle school students—improvement in attitudes toward reading and test scores. In *Literacy, access, and libraries among the language minority population*, ed. R. Constantino. Lanham, Md.: Scarecrow, pp. 225–234.

———. 2001. Motivating students with Goosebumps and other popular books. *CSLA Journal (California School Library Association)* 25(1): 15–19.

———. 2003. Should we just tell them to read? The role of direct encouragement in promoting recreational reading. *Knowledge Quest* 32(3): 49–50.

Shooter, J. 1986. Marvel and me. In *The comic book price guide*, ed. R. Overstreet. New York: Harmony Books, pp. A85–96.

Simonton, D. 1984. *Genius, creativity, and leadership.* Cambridge, Mass.: Harvard University Press.

———. 1988. *Scientific genius: A psychology of science.* Cambridge, Mass.: Harvard University Press.

Slover, V. 1959. Comic books vs. story books. *Elementary English* 36: 319–322.

SmartGirl Internette, Inc. 1999. *Teen Read Week Report*, November.

Smith, C., R. Constantino, and S. Krashen. 1996. Differences in print environment for children in Beverly Hills, Compton and Watts. *Emergency Librarian* 24(4): 4–5.

Smith, E. 2001. *Texas school libraries: Standards, resources, services and students' performance.* Austin: Texas State Libraries and Archives Commission.

Smith, F. 1988. *Joining the literacy club.* Portsmouth, N.H.: Heinemann.

———. 1994a. *Writing and the writer.* 2d ed. Hillsdale, N.J.: Erlbaum.

———. 1994b. *Understanding reading.* 5th ed. Hillsdale, N.J.: Erlbaum.

Smith, M. 1941. Measurement of the size of general English vocabulary through the elementary grades and high school. *Genetic Psychology Monographs* 24: 311–345.

Smith, R., and G. Supanich. 1984. *The vocabulary scores of company presidents.* Chicago: Johnson O'Conner Research Foundation Technical Report 1984–1.

Snow, C., W. Barnes, J. Chandler, I. Goodman, and H. Hemphill. 1991. *Unfilled expectations: Home and school influences on literacy.* Cambridge, Mass.: Harvard University Press.

Sommers, N. 1980. Revision strategies of student writers and experienced adult writers. *College Composition and Communication* 31: 378–388.

Southgate, V., H. Arnold, and S. Johnson. 1981. *Extending beginning reading.* London: Heinemann Educational Books.

Sperzl, E. 1948. The effect of comic books on vocabulary growth and reading comprehension. *Elementary English* 25: 109–113.

Stahl, S., M. Richek, and R. Vandevier. 1991. Learning meaning vocabulary through listening: A sixth-grade replication. In *Learner factors/teacher factors: Issues in literacy research and instruction*, ed. J. Zutell and S. McCormick. Chicago: National Reading Conference, pp. 185–192.

Stanovich, K., and A. Cunningham. 1992. Studying the consequences of literacy within a literate society: the cognitive correlates of print exposure. *Memory and Cognition* 20(1): 51–68.

———. 1993. Where does knowledge come from? Specific associations between print exposure and information acquisition. *Journal of Educational Psychology* 85(2): 211–229.

Stanovich, K., and R. West. 1989. Exposure to print and orthographic processing. *Reading Research Quarterly* 24: 402–433.

Stanovich, K., R. West, and M. Harrison. 1995. Knowledge growth and maintenance across the life span: The role of print exposure. *Developmental Psychology* 31(5): 811–826.

Stedman, L., and C. Kaestle. 1987. Literacy and reading performance in the United States, from 1880 to the present. *Reading Research Quarterly* 22 59–78.

Stokes, J., S. Krashen, and J. Kartchner. 1998. Factors in the acquisition of the present subjunctive in Spanish: The role of reading and study. *ITL: Review of Applied Linguistics* 121–122: 19–25.

Summers, E., and J. V. McClelland. 1982. A field-based evaluation of sustained silent reading (SSR) in intermediate grades. *Alberta Journal of Educational Research* 28: 110–112.

Sutton, R. 1985. Librarians and the paperback romance. *School Library Journal* 32: 253–258.

Swain, E. 1948. Using comic books to teach reading and language arts. *Journal of Reading* 22: 253–258.

Swanborn, M., and K. de Glopper. 1999. Incidental word learning while reading: A meta-analysis. *Review of Educational Research* 69(3): 261–285.

Swanton, S. 1984. Minds alive: What and why gifted students read for pleasure. *School Library Journal* 30: 99–102.

Thompson, M. 1956. Why not try self-selection? *Elementary English* 33: 486–490.

Thompson, R. 1930. *The effectiveness of modern spelling instruction.* New York: Columbia University Teacher's College. Contributions to Education, No. 436.

Thorndike, R. 1941. Words and the comics. *Journal of Experimental Education* 10: 110–113.

———. 1973. *Reading comprehension education in fifteen countries.* New York: Halsted Press.

Trelease, J. 2001. *The read-aloud handbook.* 5th ed. New York: Penguin.

Tsang, W-K., 1996. Comparing the effects of reading and writing on writing performance. *Applied Linguistics* 17(2): 210–233.

Tse, L. 1996. When an ESL adult becomes a reader. *Reading Horizons* 31(1): 16–29.

———. 1998. Ethnic identity formation and its implications for heritage language development. In *Heritage language development*. ed. S. Krashen, L. Tse, and J. McQuillan. Culver City, Calif.: Language Education Associates, pp. 15–29.

———. 2001. Resisting and reversing language shift: Heritage-language resilience among U.S. native biliterates. *Harvard Educational Review* 71(4): 676–706.

Tudor, I., and F. Hafiz. 1989. Extensive reading as a means of input to L2 learning. *Journal of Research in Reading* 12(2): 164–178.

Twadell, F. 1973. Vocabulary expansion in the TESOL classroom. *TESOL Quarterly* 7: 61–78.

Ujiie, J., and S. Krashen.. 1996a. Comic book reading, reading enjoyment, and pleasure reading among middle class and chapter I middle school students. *Reading Improvement* 33 (1): 51–54.

———. 1996b. Is comic book reading harmful? Comic book reading, school achievement, and pleasure reading among seventh graders. *California School Library Association Journal* 19(2): 27–28.

———. 2002. Home run books and reading enjoyment. *Knowledge Quest* 3(1): 36–37.

Van Zelst, R., and W. Kerr. 1951. Some correlates of technical and scientific productivity. *Journal of Abnormal Psychology* 46: 470–475.

Varble, M. 1990. Analysis of writing samples of students taught by teachers using whole language and traditional approaches. *Journal of Educational Research* 83: 245–251.

Vollands, S., K. Topping, and R. Evans. 1996. *Experimental evaluation of computer assisted self-assessment of reading comprehension: Effects on reading achievement and attitude.* ERIC Document ED 408 567.

———. 1999. Computerized self-assessment of reading comprehension with the accelerated reader: Action research. *Reading and Writing Quarterly* 15: 197–211.

Von Sprecken, D., and S. Krashen. 1998. Do students read during sustained silent reading? *California Reader* 32(1): 11–13.

———. 2002. Is there a decline in the reading romance? *Knowledge Quest* 30(3): 11–17.

Von Sprecken, D., J. Kim, and S. Krashen. 2000. The home run book: Can one positive reading experience create a reader? *California School Library Journal* 23(2): 8–9.

Walker, G., and I. Kuerbitz. 1979. Reading to preschoolers as an aid to successful beginning reading. *Reading Improvement* 16: 149–154.

Wallas, G. 1926. *The art of thought.* London: C.A. Watts. (Abridged version, 1945). Excerpts reprinted in *Creativity*, ed. P. E. Vernon (1970). Middlesex, England: Penguin, pp. 91–97.

Waring, R., and M. Takakei. 2003. At what rate do learners learn and retain new vocabulary from reading a graded reader? *Reading in a Foreign Language* 15(2): 130–163.

Wayne, R. 1954. Survey of interest in comic books. *School Activities* 25: 244.

Weiner, S. 2003. Mutants for the masses: Graphic novel roundup. *School Library Journal* 49 (5): 32–33.

Wells, G. 1985. *Language development in the pre-school years.* Cambridge: Cambridge University Press.

Wendelin, K., and R. Zinck. 1983. How students make book choices. *Reading Horizons* 23: 84–88.

Wertham, F. 1954. *Seduction of the innocent.* New York: Rinehart.

Wesche, M. and T.S. Paribakht 1996. Assessing second language vocabulary knowledge: Depth versus breadth. *Canadian Modern Language Review* 53(1): 13–40.

West, R., and K. Stanovich. 1991. The incidental acquisition of information from reading. *Psychological Science* 2: 325–330.

West, R., K. Stanovich, and H. Mitchell. 1993. Reading in the real world and its correlates. *Reading Research Quarterly* 28: 35–50.

Wheldall, K., and J. Entwhistle. 1988. Back in the USSR: The effect of teacher modeling of silent reading on pupils' reading behaviour in the primary school classroom. *Educational Psychology* 8: 51–56.

White, T., M. Graves, and W. Slater. 1990. Growth of reading vocabulary in diverse elementary schools: Decoding and word meaning. *Journal of Educational Psychology* 82: 281–290.

Wilde, S. 1990. A proposal for a new spelling curriculum. *Elementary School Journal* 90: 275–290.

Williams, P., and M. Boyes. 1986. Television-viewing patterns and use of other media. In *The impact of television*, ed. T. M. Williams. New York: Academic Press, pp. 215–263.

Williams, P., E. Haertel, G. Haertel, and H. Walberg. 1982. The impact of leisure-time television on school learning: A research synthesis. *American Educational Research Journal* 19: 19–50.

Willig, A. 1985. A meta-analysis of selected studies on the effectiveness of bilingual education. *Review of Educational Research* 55(3): 269–317.

Willingham, D. 2002. Allocating student study time: "Massed" versus "distributed" practice. *American Educator* (Summer). Available: http://www.aft.org/american_educator/summer2002/askcognitivescientist.html.

Witty, P. 1941. Reading the comics: A comparative study. *Journal of Experimental Education* 10: 105–109.

Witty, P., and R. Sizemore. 1954. Reading the comics: A summary of studies and an evaluation, I. *Elementary English* 31: 501–506.

———. 1955. Reading the comics: A summary of studies and an evaluation, III. *Elementary English* 32: 109–114.

Wolf, A., and L. Mikulecky. 1978. Effects of uninterrupted sustained silent reading and of reading skills instruction on changes in secondary school students' reading attitudes and achievement. In *27th Yearbook of the National Reading Conference.* Clemson, S.C.: National Reading Conference, pp. 226–234.

Worthy, J. 1998. "On every page someone gets killed!" Book conversations you don't hear in school. *Journal of Adolescent and Adult Literacy* 41(7): 508–517.

———. 2000. Teachers' and students' suggestions for motivating middle-school children to read. In *49th yearbook of the National Reading Conference*, ed. T. Shanahan, and F. Rodriguez-Brown. Chicago: National Reading Conference, pp. 441–451.

Worthy, J., and S. McKool. 1996. Students who say they hate to read: The importance of opportunity, choice, and access. In *Literacies for the 21st century: Research and practice*, ed. D. Leu, C. Kinzer, and K. Hinchman. Chicago: National Reading Conference, pp. 245–256.

Worthy, J., M. Moorman, and M. Turner. 1999. What Johnny likes to read is hard to find in school. *Reading Research Quarterly* 34(10): 12–27.

Wright, G. 1979. The comic book: A forgotten medium in the classroom. *Reading Teacher* 33: 158–161.

Wright, R. 1966. *Black boy.* New York: Harper & Row.

Yoon, J-C. 2002. Three decades of sustained silent reading: A meta-analytic review of the effects of SSR on attitude toward reading. *Reading Improvement* 39(4): 186–195.

Zuckerman, D., D. Singer, and J. Singer. 1980. Television viewing, children's reading, and related classroom behavior. *Journal of Communication* 32: 166–174.

索　引

國家圖書館出版品預行編目資料

閱讀的力量——從研究中獲得的啟示╱Stephen D.
　Krashen 著；李玉梅譯. -- 初版. -- 臺北市：
　心理，2009.04
　　面；　公分. --（語文教育系列；48011）
　參考書目：面
　含索引
　譯自：The power of reading: insights from the research
　ISBN 978-986-191-246-2（平裝）

1. 閱讀　2. 讀書法

019.1　　　　　　　　　　　　　　　　　98002684

語文教育系列 48011

閱讀的力量——從研究中獲得的啟示

作　　者：Stephen D. Krashen
譯　　者：李玉梅
責任編輯：晏華璞
執行編輯：林汝穎
總 編 輯：林敬堯
發 行 人：洪有義
出 版 者：心理出版社股份有限公司
地　　址：台北市大安區和平東路一段 180 號 7 樓
電　　話：(02) 23671490
傳　　真：(02) 23671457
郵撥帳號：19293172　心理出版社股份有限公司
網　　址：http://www.psy.com.tw
電子信箱：psychoco@ms15.hinet.net
駐美代表：Lisa Wu（Tel：973 546-5845）
排 版 者：臻圓打字印刷有限公司
印 刷 者：翔盛彩色印刷有限公司
初版一刷：2009 年 4 月
初版二刷：2011 年 1 月
I S B N：978-986-191-246-2
定　　價：新台幣 200 元

■ 有著作權·侵害必究 ■
【本書獲有原出版者全球繁體中文版出版發行獨家授權】